Inhalt

Einleitung

Liebe Schülerin, lieber Schüler,

bist du manchmal unsicher und weißt nicht,
wie ein Wort geschrieben wird?

nach Hause oder *nachhause*?
endlich oder *endlig*?
sie war als *Erste* oder *erste* im Ziel?
die Ampel steht auf *Rot* oder *rot*?

Dann schlage in diesem Wörterbuch nach.
Dort findest du dann die richtige Schreibung.

Dazu musst du aber das Nachschlagen üben.
Nachschlagen können, das gehört zum Wichtigsten,
was man für die Rechtschreibung lernen muss.
Und dazu ist dieses Wörterbuch da.

Wie ist dieses Wörterbuch aufgebaut?

Dieses Wörterbuch enthält zwei Wörterverzeichnisse:
Seite 15 – 62: Wörter für die 1. und 2.Klasse
mit orange Rand,
Seite 63 – 255: Wörter für die 3. und 4.Klasse
mit rotem Rand.

Außerdem findest du in diesem Wörterbuch ein Kapitel
über **Rechtschreibung** und **Grammatik** (Seite 256 – 279).
Darin erfährst du etwas über Wörter und Sätze und
über die wichtigsten Regeln der Rechtschreibung.

Pusteblume

Das Wörterbuch für Grundschulkinder

Schroedel

Pusteblume

Das Wörterbuch für Grundschulkinder

Wolfgang Menzel
Isolde Richter

Das Wörterbuch gibt es wahlweise mit CD-ROM
zum intensiven Nachschlagetraining.
978-3-507-42549-1

Druck A [1] / Jahr 2010
Alle Drucke der Serie A sind im Unterricht parallel verwendbar.

Illustration: Angelika Çitak
Redaktion: Isolde Richter
Herstellung: Gundula Wanjek-Binder, Hannover
Layout: Andrea Heissenberg, Jennifer Kirchhof
Umschlaggestaltung: Andrea Heissenberg, Jennifer Kirchhof,
mit einer Illustration von Alexander Steffensmeier
Satz: typotext, Sabine Rettstatt, Dortmund
Druck und Bindung: westermann druck GmbH, Braunschweig

ISBN 978-3-507-**42548**-4

Inhalt

Einleitung

Liebe Schülerin, lieber Schüler,

bist du manchmal unsicher und weißt nicht,
wie ein Wort geschrieben wird?

nach Hause oder *nachhause*?
endlich oder *endlig*?
sie war als *Erste* oder *erste* im Ziel?
die Ampel steht auf *Rot* oder *rot*?

Dann schlage in diesem Wörterbuch nach.
Dort findest du dann die richtige Schreibung.

Dazu musst du aber das Nachschlagen üben.
Nachschlagen können, das gehört zum Wichtigsten,
was man für die Rechtschreibung lernen muss.
Und dazu ist dieses Wörterbuch da.

Wie ist dieses Wörterbuch aufgebaut?

Dieses Wörterbuch enthält zwei Wörterverzeichnisse:
Seite 15 – 62: Wörter für die 1. und 2.Klasse
mit orange Rand,
Seite 63 – 255: Wörter für die 3. und 4.Klasse
mit rotem Rand.

Außerdem findest du in diesem Wörterbuch ein Kapitel
über **Rechtschreibung** und **Grammatik** (Seite 256 – 279).
Darin erfährst du etwas über Wörter und Sätze und
über die wichtigsten Regeln der Rechtschreibung.

Am Ende des Wörterbuchs auf den Seiten 280 – 292 haben wir **englische Vokabeln** zu den Themen *Familie und Freunde, mein Körper, Kleidung, Einkaufen, Leben und Wohnen, Spielen, Schule, Essen und Trinken, Obst und Gemüse, Jahreszeiten, Feiern, Monate und Wochentage, Wetter, Farben, Zahlen, Tiere* sowie *Redewendungen* zusammengestellt.

Wie sind die Wörter angeordnet?

Natürlich sind die Wörter nach dem Alphabet, also dem ABC, angeordnet. Wenn du ein Wort wie *Herbst* suchst, schlägst du also unter dem Buchstaben **H/h** nach, blätterst von da aus weiter – und findest das Wort. Der farbige ABC-Streifen am Seitenrand erleichtert dir die Suche.

Nicht immer ist es ganz so einfach, ein Wort gleich zu finden; denn manchmal gibt es sehr viele Wörter, die mit ein und demselben Anfangsbuchstaben beginnen. So zum Beispiel bei dem Buchstaben **S/s**.
Da musst du wissen, dass die Wörter
auch nach dem zweiten und dritten Buchstaben
alphabetisch angeordnet sind,
die Wörter mit **S/s** also so:
Saal – **scha**ben – **schw**er – **se**chs – **sie**ben –
Spagat – **St**aat – **su**per

Da achtest du also auf den zweiten und dritten Buchstaben in einem Wort, damit du nicht zu viel blättern musst.

Eine gute Hilfe bieten dir auch die Wörter und Buchstabengruppen oben auf den Seiten.
Sie heißen „Kopfwörter“.
An ihnen kannst du erkennen, zwischen welchen von ihnen du ein gesuchtes Wort finden kannst.
Suchst du zum Beispiel das Wort *Angst*, dann findest du es zwischen

angreifen und *anhalten*

Was ist zu den einzelnen Wörtern gesagt?

Im Verzeichnis für das 1./2. Schuljahr sind viele Wörter farbig gedruckt:
rot die Nomen (Namenwörter, Substantive),
blau die Verben (Tuwörter, Tätigkeitswörter) und
grün die Adjektive (Wiewörter, Eigenschaftswörter).

Zu den einzelnen Stichwörtern bekommst du folgende weitere Hinweise:
Striche im Wort geben die
Silbentrennung an: *Ängs/te, ängst/lich*

Dicke Pfeile hinter einem Wort verweisen auf einen **Merkkasten**, in dem du weitere Hinweise auf die Schreibung der Wörter findest:	**Angst**, die ➜

> ➜ **Angst/angst**
>
> **Großschreibung** …
> **Kleinschreibung** …

Nomen: Hinter den Nomen steht der **Artikel**:	**Angst**, die
Darunter steht der **Plural** (Mehrzahl):	die Ängs/te
Oft stehen **weitere** Wörter darunter, die zu dem Wort gehören:	ängst/lich, …
Verben: Die Verben stehen zunächst in der **Grundform**:	**he/ben**
Zu schwierigen Verben stehen darunter weitere Formen:	
im **Präsens**:	du hebst, sie hebt,
im **Präteritum**:	hob,
im **Perfekt**:	hat ge/ho/ben.
Zu manchen Verben findest du im Wörterverzeichnis auch andere Formen: Der dünne **Pfeil** verweist dann auf die **Grundform**:	**hob** → heben **ge/ho/ben** → heben

Adjektive: Unter den Adjektiven findest du die **Steigerungsformen**:

bil/lig
bil/li/ger,
am bil/ligs/ten

Zu manchen Wörtern findest du **Erklärungen**: was sie bedeuten

bloß
das war bloß (nur) ein Scherz

oder wie sie gebraucht werden:

sie geht mit bloßen (nackten) Füßen

Wie kannst du das Nachschlagen üben?

Damit du mit deinem Wörterbuch immer besser zurechtkommst, musst du regelmäßig üben.
Wer ein Wort im Wörterbuch möglichst rasch findet, der kann seine Rechtschreibung verbessern.
Hier sind einige Übungsvorschläge:

Übungen für alle:

Das ABC üben:
Das **ABC** musst du natürlich auswendig können, sonst lernst du das Nachschlagen nie. Übe es also!
Hier ist das **ABC** unvollständig.

A, B, C, D, F, G, I, J, K, L, N, O, P, Q, R, T, U, W, X, Y, Z
Schreibe es auf und füge die folgenden Buchstaben ein:
H, S, V, M, E.
Und hier steht das **ABC** von hinten nach vorn.
Welche Buchstaben fehlen?
Schreibe in der richtigen Reihenfolge
von vorn nach hinten auf:
z, y, x, w, v, u, s, r, q, o, n, m, k, j, i, h, f, d, c, b, a

Das Wörterbuch durchblättern:
Blättere in deinem Wörterbuch und schreibe dir
5 Wörter heraus, die du magst.
Schreibe die Seitenzahl dahinter,
auf der du sie gefunden hast.

Das Wörterbuch aufschlagen:
Schlage das Wörterverzeichnis mit dem roten Rand
ungefähr in der Mitte auf.
Welches ist das erste Wort links oben? Schreibe es auf.
Schlage das Wörterverzeichnis ziemlich weit hinten auf.
Welches ist das erste Wort links oben? Schreibe es auf.

Das Wörterbuch an einer bestimmten Stelle aufschlagen:
Versuche so schnell wie möglich eine Seite zu finden,
auf der Wörter mit **K/k** stehen.
Wie oft musstest du die Seiten umblättern?
Schreibe es auf.

Mache es genauso mit **B/b, R/r, T/t, Z/z**.

Das erste Wort zu einem Buchstaben finden:
Suche das erste Wort, das mit **Sch/sch** anfängt.
Auf welcher Seite steht es?
Suche das erste Wort mit **Schw/schw, Sp/sp, St/st**.

Das Wörterbuch nach bestimmten Wörtern durchsuchen:
Schreibe dir 5 Wörter auf. Schau dann nach,
ob sie im Wörterbuch stehen.
Wenn du sie gefunden hast,
schreibe die Seitenzahl dahinter.

Erste Wörter zu einem bestimmten Buchstaben suchen:
Schreibe jeweils das erste Wort auf,
das du unter den Buchstaben **A, C, F, P, S, V** findest.

Lieblingswörter suchen:
Denke dir ein Lieblingswort mit **B/b** oder **R/r** aus.
Suche es im Wörterbuch
und schreibe die Seitenzahl dahinter.

Lange Wörter suchen:
Suche ein möglichst langes Wort
mit dem Buchstaben **L/l**. Schreibe es auf.
Suche auch lange Wörter mit **R/r, Z/z**.

Übungen für das Wörterverzeichnis 1. und 2. Schuljahr:

1. Welches Wort steht zwischen

kam und **kämmen**
kritzeln und **Küche**
Meer und **Mehl**
quälen und **Quark**
spät und **sperren**
Tier und **Tisch**
Zaun und **zehn**
Zettel und **Zimmer**?

Schreibe die Wörter und die Seitenzahlen auf.

2. DASKLEINEPFERDSPRINGTFRÖHLICHÜBERDIEWIESE

Was schreibt man groß, was klein?
Schreibe die Wörter der Wörterschlange einzeln auf.
Vergiss die Seitenzahl nicht.

3.

Arm	**Bein**	**Daumen**	**Rücken**	**Finger**
Bauch	**Fuß**	**Hand**	**Ohr**	**Auge**

Affe	**Esel**	**Frosch**	**Huhn**	**Katze**
Löwe	**Gans**	**Bär**	**Krokodil**	**Meerschweinchen**

Ordne die Wörter nach dem **ABC** und schreibe sie in der richtigen Reihenfolge auf.

Übungen für das Wörterverzeichnis 3. und 4. Schuljahr:

Auf „Kopfwörter" achten:
Kopfwörter sind die Wörter und Buchstabengruppen am oberen Rand einer Seite.
Schlage die Seite 106 auf. Welche Kopfwörter stehen oben am Rand? Schreibe sie auf.
Suche das Wort **Leckerbissen**.
Zwischen welchen Kopfwörtern findest du es?
Schreibe die Kopfwörter auf.
Mache es genauso mit den Wörtern **Elefant** und **Tombola**.

Wie schreibt man das Wort – mit eu oder äu?
Schlage im Wörterbuch nach,
ob das Wort **S**le** mit eu oder mit äu geschrieben wird.
Schreibe die Seite auf, auf der du es gefunden hast.
Mache es genauso mit den Wörtern
lchten** und **aufr**men**.

Wie schreibt man das Wort: mit C oder K?
Manchmal musst du an zwei Stellen im Wörterbuch nachschlagen.
Wie schreibt man zum Beispiel ***ousin** und ***ousine** oder gar ***usine**?
Schlage im Wörterbuch nach.
Mache es genauso bei den Wörtern ***reme** oder ***rem** und ***ornflakes**.

An zwei Stellen nachschlagen:
Viele zusammengesetzte Wörter findest du nur, wenn du an zwei Stellen nachschlägst.
Zum Beispiel **Blütenstängel**.
Da musst du einmal unter **Blüte** und ein zweites Mal unter **Stängel** nachschlagen.
Wie schreibt man das Wort:
Vaniljesoße – Vanillesoße – Vanillesose?
Suche es unter dem ersten Teil des Wortes und unter dem zweiten Teil und schreibe es richtig auf.
Mache es genauso mit den Wörtern
Fingert*eater – Spielz*ugeisenbahn – Ind*anerzelt – Aben*euerbuch.

Wie heißt der Plural (die Mehrzahl)?
Suche zu folgenden Wörtern die Mehrzahl und schreibe sie auf:
Strauch, Gaul, Stock, Bonbon, Globus.

Wie heißen die Vergangenheitsformen?
Suche das Präteritum und das Perfekt von
gehen, lügen, klingen, legen, liegen.
Schreibe die Formen so auf:
gehen, ging, ist gegangen – lügen, ...

Wie werden die Wörter in Silben getrennt?
Suche die folgenden Wörter und schreibe sie mit Silbentrennungsstrichen auf:

langweilig - Langeweile, lieber - am liebsten, Dienstag, Abenteuer, schimmelig.
Schreibe sie so auf:
lang-wei-lig, ...

Die Bedeutung nachschlagen:
Was bedeutet das Wort **Interview?**
Schlage es nach und schreibe es im Satz auf.
Mache es genauso mit den Wörtern
malen, mahlen, Panik, Pech, schlapp.

Im Merkkasten nachschlagen:
Hinter dem Stichwort **fünf ➜** steht ein Pfeil.
Schlage den Merkkasten dazu auf.
Wie schreibt man:
es ist halb F/fünf – er wurde F/fünfter?
Schreibe es richtig auf.

A/a 

ab
Abend, der
die Aben|de
abends
aber
acht
Af|fe, der
die Af|fen
ähn|lich
al|le
al|lein
al|les
als
al|so
alt
äl|ter,
am äl|tes|ten
am
am (an dem) Morgen
Amei|se, die
die Amei|sen
Am|pel, die
die Am|peln
Am|sel, die
die Am|seln
an
an|de|re
än|dern
An|fang, der
an|fan|gen
sie fängt an
an|fas|sen
er fasst an
Angst, die
die Ängs|te
ängst|lich
an|ru|fen
er ruft sie an
ans (an das)
an|schau|en
Ant|wort, die
ant|wor|ten
er ant|wor|tet
Ap|fel, der
die Äp|fel

Ap|fel|si|ne, die
die Ap|fel|si|nen
Ap|ril, der
Ar|beit, die
die Ar|bei|ten
ar|bei|ten
sie ar|bei|tet
Är|ger, der
är|ger|lich
är|gern
sie ärgert sich
arm
är|mer, am ärms|ten
Arm, der
die Ar|me
Arzt, der
die Ärz|te
Ärz|tin, die
die Ärz|tin|nen
aß → essen
Ast, der
die Äs|te
auch
auf
auf ein|mal
auf|bau|en
Auf|ga|be, die
die Auf|ga|ben
auf|he|ben → heben
er hebt etwas auf
auf|hö|ren
es hört auf zu regnen
auf|pas|sen
sie passt gut auf
auf|ste|hen → stehen
auf|wa|chen
er wacht früh auf
Au|ge, das
die Au|gen
Au|gust, der
aus
Aus|flug, der
die Aus|flü|ge
aus|la|chen
au|ßer|dem
Au|to, das
die Au|tos
Axt, die
die Äx|te

B/b

Ba|by, das
die Ba|bys
ba|cken
sie bäckt *oder:*
sie backt
Bad, das
die Bä|der
ba|den
er ba|det
Bahn, die
die Bah|nen
bald
Ball, der
die Bäl|le
Bank, die
die Bän|ke
Bär, der
die Bä|ren
bas|teln
sie bas|telt
Bauch, der
die Bäu|che
bau|en
sie baut
Baum, der
die Bäu|me
Bee|re, die
die Bee|ren
bei
bei|de
beim
beim (bei dem)
Frühstück
Bein, das
die Bei|ne
bei|ßen
er beißt, er biss,
er hat ge|bis|sen
be|kom|men
sie be|kommt,
sie be|kam,
sie hat be|kom|men
bel|len
er bellt
Berg, der
die Ber|ge
bes|ser → gut

Be|such, der

be|su|chen

Bett, das
die Bet|ten

Beu|le, die
die Beu|len

be|we|gen
es be|wegt sich

be|zah|len
sie be|zahlt

Bie|ne, die
die Bie|nen

Bild, das
die Bil|der

bin → sein
ich bin hier

Bir|ne, die
die Bir|nen

bis

biss|chen
ein *bisschen zu viel*

bist → sein
du bist hier

bit|ten
sie bit|tet

blass

Blatt, das
die Blät|ter

blau

blei|ben
er bleibt, er blieb,
er ist ge|blie|ben

Blei|stift, der
die Blei|stif|te

blit|zen
es blitzt

blond

blü|hen
es blüht

Blu|me, die
die Blu|men

Blu|se, die
die Blu|sen

Blü|te, die
die Blü|ten

Bo|den, der
die Bö|den

Boh|ne, die
die Boh|nen

Boot, das
die Boo|te
bö|se
brach|te → bringen
brau|chen
sie braucht das nicht
braun
bre|chen
es bricht, es brach,
es ist ge|bro|chen
breit
brei|ter,
am brei|tes|ten
bren|nen
es brennt,
es brann|te,
es hat ge|brannt
Brief, der
die Brie|fe
Bril|le, die
die Bril|len
brin|gen
sie bringt,
sie brach|te,
sie hat ge|bracht
Brot, das
die Bro|te
Bröt|chen, das
die Bröt|chen
Bru|der, der
die Brü|der
brül|len
er brüllt
brum|men
sie brummt
Buch, das
die Bü|cher
bunt
Bus, der
die Bus|se
Busch, der
die Bü|sche
But|ter, die

C/c

Cam|ping, das
die Cents →

Cent, der
die Cents

Chip, der
die Chips

Chor, der
die Chö|re

Christ|baum, der
die Christ|bäu|me

Clown, der
die Clowns,
die Clow|nin

Co|mic, der
die Co|mics

Com|pu|ter, der
die Com|pu|ter

D/d

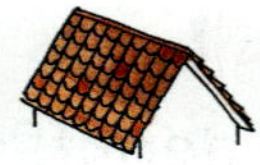

da

da|bei

Dach, das
die Dä|cher

dach|te → denken

da|nach

dan|ken
sie dankt

dann

darf → dürfen

da|rin

da|rum

das

Dau|men, der
die Dau|men

de|cken
sie deckt

dein
dei|ne, dei|ner

dem

den

den|ken
sie denkt, sie dach|te,
sie hat ge|dacht
denn
der
des
des|halb
De|zem|ber, der
dich
dick
di|cker, am dicks|ten
die
Diens|tag, der
die Diens|ta|ge
dies
die|se, die|ser, die|ses
Di|no|sau|ri|er, der
die Di|no|sau|ri|er
dir
doch
don|nern
es don|nert
Don|ners|tag, der
die Don|ners|ta|ge
doof

Dorf, das
die Dör|fer
dort
Do|se, die
die Do|sen
Dra|chen, der
die Dra|chen
drau|ßen
Dreck, der
dre|ckig
dre|cki|ger,
am dre|ckigs|ten
dre|hen
er dreht
drei
drü|cken
sie drückt
du
dumm
düm|mer,
am dümms|ten
dun|kel
dünn
dün|ner,
am dünns|ten

A
B
C
D
E
F
G
H
I
J
K
L
M
N
O
P
Qu
R
S
T
U
V
W
X
Y
Z

durch
dür|fen
er darf, er durf|te,
er hat ge|durft
Durst, der
durs|tig

E/e

eben
Ecke, die
die Ecken
eckig
Ei, das
die Ei|er
ei|gent|lich
Ei|mer, der
die Ei|mer
ein
ei|ne, ei|nem,
ei|nen, ei|ner
ein|fach
ei|ni|ge
ein|kau|fen
er kauft etwas ein
ein|la|den
sie lädt ein,
sie lud ein,
sie hat ein|ge|la|den
Ein|la|dung, die
die Ein|la|dun|gen

ein|mal
eins
Eis, das
Ei|sen|bahn, die
die Ei|sen|bah|nen
Ele|fant, der
die Ele|fan|ten
elf
El|tern, die
En|de, das
zu En|de
end|lich
eng
en|ger,
am engs|ten
En|te, die
die En|ten
er
Erd|bee|re, die
die Erd|bee|ren
Er|de, die
er|klä|ren
sie erklärt ihm etwas
er|lau|ben
sie er|laubt
erst
er|zäh|len
sie er|zählt
es
Esel, der
die Esel
es|sen
er isst, er aß,
er hat ge|ges|sen
et|wa
et|was
euch
eu|er, eu|re
Eu|le, die
die Eu|len
Eu|ro, der
die Eu|ros

F/f

fah|ren
sie fährt, sie fuhr,
sie ist ge|fah|ren

Fahr|rad, das
die Fahr|rä|der

fal|len
sie fällt, sie fiel,
sie ist ge|fal|len

Fa|mi|lie, die
die Fa|mi|li|en

fan|gen
sie fängt, sie fing,
sie hat ge|fan|gen

Fa|sching, der

fas|sen
sie fasst ihn an

fast (beinahe)
ich bin fast 8 Jahre

Fe|bru|ar, der

Fe|der, die
die Fe|dern

Fee, die
die Feen

feh|len
sie fehlt

Feh|ler, der
die Feh|ler

Fei|er, die
die Fei|ern

fei|ern
er fei|ert

fein

Feld, das
die Fel|der

Fens|ter, das
die Fens|ter

Fe|ri|en, die

fern|se|hen
er sieht fern,
er sah fern,
er hat fern|ge|se|hen

fer|tig

fest

Fest, das
die Fes|te

fest|hal|ten → halten

feucht
Feu|er, das
die Feu|er
fiel → fallen
fin|den
sie fin|det, sie fand,
sie hat ge|fun|den
Fin|ger, der
die Fin|ger
Fisch, der
die Fi|sche
flach
Fla|sche, die
die Fla|schen
Flie|ge, die
die Flie|gen
flie|gen
er fliegt, er flog,
er ist ge|flo|gen
flie|ßen
es fließt, es floss,
es ist ge|flos|sen
Flü|gel, der
die Flü|gel

Flug|zeug, das
die Flug|zeu|ge
Fluss, der
die Flüs|se
flüs|sig
flüs|tern
sie flüs|tert
fort
fra|gen
sie fragt
Frau, die
die Frau|en
frech
fre|cher,
am frechs|ten
frei
Frei|tag, der
die Frei|ta|ge
fremd
Frem|de, die
fres|sen
sie frisst, sie fraß,
sie hat ge|fres|sen
Freu|de, die
die Freu|den

A B C D E F G H I J K L M N O P Qu R S T U V W X Y Z

freu|en
er freut sich
Freund, der
die Freun|de
Freun|din, die
die Freun|din|nen
freund|lich
fried|lich
frie|ren
sie friert, sie fror,
sie hat ge|fro|ren
frisch
frisst → fressen
froh
Frosch, der
die Frö|sche
Frucht, die
die Früch|te
früh
Früh|ling, der
füh|len
fuhr → fahren
füh|ren
sie führt
fül|len
Fül|ler, der
die Fül|ler
fünf
für
sie setzt sich für ihn ein
Fuß, der
die Fü|ße
Fuß|ball, der
die Fuß|bäl|le

G/g

gab → geben

Ga|bel, die
die Ga|beln

ganz
gan|ze, gan|zer

Gar|ten, der
die Gär|ten

Gast, der
die Gäs|te

ge|ben
sie gibt, sie gab,
sie hat ge|ge|ben

ge|bis|sen → beißen

ge|blie|ben →
bleiben

ge|bracht →
bringen

ge|brannt →
brennen

ge|bro|chen →
brechen

Ge|burts|tag, der
die Ge|burts|ta|ge

ge|dacht → denken

ge|fal|len
es ge|fällt, es ge|fiel,
es hat ihr gefallen

ge|flo|gen →
fliegen

ge|flos|sen →
fließen

ge|fro|ren →
frieren

ge|fun|den →
finden

ge|gan|gen →
gehen

ge|hen
er geht, er ging,
er ist ge|gan|gen

ge|ho|ben →
heben

ge|hol|fen →
helfen

ge|kannt →
kennen

A B C D E F G H I J K L M N O P Qu R S T U V W X Y Z

ge|klun|gen → klingen

ge|kro|chen → kriechen

gelb

Geld, das
die Gel|der

Ge|mü|se, das

ge|nau

ge|nom|men → nehmen

ge|ra|de

ge|rannt → rennen

ge|ris|sen → reißen

gern

Ge|schenk, das
die Ge|schen|ke

Ge|schich|te, die
die Ge|schich|ten

ge|schrie|ben → schreiben

ge|schrien → schreien

ge|schwom|men → schwimmen

ge|ses|sen → sitzen

Ge|sicht, das
die Ge|sich|ter

Ge|spenst, das
die Ge|spens|ter

ge|spro|chen → sprechen

ge|sprun|gen → springen

ges|tern

ge|sund
ge|sün|der,
am ge|sün|des|ten

ge|tan → tun

ge|we|sen → sein

ge|win|nen
sie ge|winnt,
sie ge|wann,
sie hat ge|won|nen

ge|wor|fen → werfen

ge|wusst → wissen

gibt → geben
Glas, das
die Glä|ser
glatt
glau|ben
er glaubt
gleich
Glück, das
glück|lich
Gras, das
die Grä|ser
grau
groß
grö|ßer, am größ|ten
Groß|el|tern, die
grün
gru|se|lig
Gruß, der
die Grü|ße
grü|ßen
sie grüßt
gu|cken
er guckt
gut
bes|ser, am bes|ten

H/h

Haar, das
die Haa|re
ha|ben
du hast,
er hat, er hat|te,
er hat ge|habt
halb
Hals, der
die Häl|se
hal|ten
sie hält, sie hielt,
sie hat ge|hal|ten
Ham|mer, der
die Häm|mer
Hand, die
die Hän|de
hän|gen
hart
här|ter,
am här|tes|ten
Ha|se, der
die Ha|sen

A B C D E F G H I J K L M N O P Qu R S T U V W X Y Z

häss|lich
hat → haben
hat|te → haben
Haus, das
die Häu|ser
Haut, die
die Häu|te
he|ben
er hebt, er hob,
er hat ge|ho|ben
He|cke, die
die He|cken
Heft, das
die Hef|te
hei|len
heiß
hei|ßer,
am hei|ßes|ten
hei|ßen
sie heißt Paula
hel|fen
er hilft, er half,
er hat ge|hol|fen
hell
hel|ler, am hells|ten

Hemd, das
die Hem|den
her
he|rauf
he|raus
Herbst, der
he|rein
Herr, der
die Her|ren
he|run|ter
Herz, das
die Her|zen
herz|lich
heu|len
er heult
heu|te
He|xe, die
die He|xen
hielt → halten
hier
Hil|fe, die
die Hil|fen
hilft → helfen
Him|mel, der
die Him|mel

hin
hi|nauf
hi|naus
hi|nein
hin|ten
hin|ter
hin|ter|her
hi|nun|ter
Hob|by, das
die Hob|bys
hoch
hö|her,
am höchs|ten
Hof, der
die Hö|fe
hof|fen
sie hofft
hof|fent|lich
ho|len
sie holt
Holz, das
die Höl|zer
hor|chen
er horcht
hö|ren
sie hört
Hort, der
die Hor|te
Ho|se, die
die Ho|sen
hübsch
Huhn, das
die Hüh|ner
Hund, der
die Hun|de
hun|dert
Hun|ger, der
hung|rig
hüp|fen
sie hüpft
Hut, der
die Hü|te
Hüt|te, die
die Hüt|ten

I/i

ich
Idee, die
die Ide|en
Igel, der
die Igel
ihm
ihn
ih|nen
ihr
ih|re
im (in dem)
im|mer
in
ins (in das)
In|sel, die
die In|seln
isst → essen
sie isst Kuchen
ist → sein
sie ist nett

J/j

ja
Ja|cke, die
die Ja|cken
Jahr, das
die Jah|re
Ja|nu|ar, der
je|de
je|der, je|des
je|mand
jetzt
Jo|ghurt, der
auch: der Jo|gurt
Jo-Jo, das
die Jo-Jos
auch: das Yo-Yo,
die Yo-Yos
ju|cken
es juckt
Ju|li, der
jung
jün|ger,
am jüngs|ten

Jun|ge, der
die Jun|gen
auch: die Jungs
Ju|ni, der

K/k

Kä|fer, der
die Kä|fer
Kaf|fee, der
Kä|fig, der
die Kä|fi|ge
Ka|len|der, der
die Ka|len|der
kalt
käl|ter,
am käl|tes|ten
Käl|te, die
kam → kommen
Kamm, der
die Käm|me
käm|men
er kämmt sich
Ka|nin|chen, das
die Ka|nin|chen
kann → können
ich kann lesen
Kan|ne, die
die Kan|nen

Kap|pe, die
die Kap|pen
ka|putt
Kar|ne|val, der
Ka|rot|te, die
die Ka|rot|ten
Kar|te, die
die Kar|ten
Kar|tof|fel, die
die Kar|tof|feln
Kas|se, die
die Kas|sen
Kas|ta|nie, die
die Kas|ta|ni|en
Kas|ten, der
die Käs|ten
Ka|ter, der
die Ka|ter
Kätz|chen, das
die Kätz|chen
Kat|ze, die
die Kat|zen
kau|fen
sie kauft
kein
kei|ne, kei|ner,
kei|nes
ken|nen
sie kennt,
sie kann|te,
sie hat ihn gekannt
Ker|ze, die
die Ker|zen
Ket|te, die
die Ket|ten
Kind, das
die Kin|der
Ki|no, das
die Ki|nos
kip|pen
es kippt
Kir|sche, die
die Kir|schen
kit|zeln
es kit|zelt
Klas|se, die
die Klas|sen
kle|ben
es klebt

Kleid, das
die Klei|der
klein
klei|ner,
am kleins|ten
klet|tern
sie klet|tert
klin|geln
es klin|gelt
klin|gen
es klingt
klop|fen
es klopft
knab|bern
er knab|bert
Knie, das
die Knie
ko|chen
er kocht
Kof|fer, der
die Kof|fer
ko|misch
kom|men
er kommt, er kam,
er ist ge|kom|men

Kö|nig, der
die Kö|ni|ge
Kö|ni|gin, die
die Kö|ni|gin|nen
kön|nen
sie kann,
sie konn|te,
sie hat ge|konnt,
sie könn|te
Kopf, der
die Köp|fe
Korb, der
die Kör|be
kos|ten
es kostet viel Geld
sie kostet die Soße
Kör|per, der
die Kör|per
krab|beln
es krab|belt
Krach, der
die Krä|che
kra|chen
es kracht
krank

A B C D E F G H I J K L M N O P Qu R S T U V W X Y Z

Kran|ken|haus, das
die Kran|ken|häu|ser

krat|zen
es kratzt

Kraut, das
die Kräu|ter

Kreis, der
die Krei|se

krie|chen
sie kriecht, sie kroch,
sie ist ge|kro|chen

krie|gen
sie kriegt,
sie krieg|te,
sie hat ge|kriegt

krit|zeln
er krit|zelt

Kro|ko|dil, das
die Kro|ko|di|le

Kü|che, die
die Kü|chen

Ku|chen, der
die Ku|chen

Kuh, die
die Kü|he

kurz
kür|zer,
am kür|zes|ten

Kuss, der
die Küs|se

küs|sen
er küsst

L/l 

la|chen
sie lacht
La|den, der
die Lä|den
Lamm, das
die Läm|mer
Lam|pe, die
die Lam|pen
Land, das
die Län|der
lang
län|ger, am längs|ten
lang|sam
las|sen
sie lässt, sie ließ,
sie hat ge|las|sen
lau|fen
sie läuft, sie lief,
sie ist ge|lau|fen
laut
lauter,
am lau|tes|ten

läu|ten
Le|ben, das
le|ben
sie lebt
le|cker
leer
le|gen
sie legt sich hin
Leh|rer, der
die Leh|rer
Leh|re|rin, die
die Leh|re|rin|nen
leicht
lei|se
Lei|ter, die
die Lei|tern
ler|nen
sie lernt
Le|se|buch, das
die Le|se|bü|cher
le|sen
er liest, er las,
er hat ge|le|sen
Leu|te, die
Le|xi|kon, das

A B C D E F G H I J K L M N O P Qu R S T U V W X Y Z

Licht, das
die Lich|ter

lieb
lie|ber, am liebs|ten

lie|ben
er liebt

Lied, das
die Lie|der

lie|gen
sie liegt, sie lag,
sie hat ge|le|gen
sie liegt auf dem Sofa

liest → lesen

li|la
eine lila Bluse

Li|mo|na|de, die
die Li|mo|na|den

links

Lip|pe, die
die Lip|pen

Loch, das
die Lö|cher

Löf|fel, der
die Löf|fel

los

Lö|we, der
die Lö|wen

Lö|wen|zahn, der

Luft, die
die Lüf|te

lus|tig
lus|ti|ger,
am lus|tigs|ten

M/m 

ma|chen
er macht
Mäd|chen, das
die Mäd|chen
mag → mögen
Mai, der
mal
ma|len
sie malt
Ma|ma, die
die Ma|mas
man
manch|mal
Mann, der
die Män|ner
Man|tel, der
die Män|tel
Mär|chen, das
die Mär|chen
Mar|me|la|de, die
die Mar|me|la|den
März, der
Maus, die
die Mäu|se
Mäus|chen, das
die Mäus|chen
Meer, das
die Mee|re
Meer|schwein|chen, das
die Meer|schwein|chen
Mehl, das
mehr
mein
mei|ne, mei|ner
mei|nen
Mensch, der
die Men|schen
mer|ken
Mes|ser, das
die Mes|ser
mich
Milch, die
Mi|nu|te, die
die Mi|nu|ten
mir
mit

A B C D E F G H I J K L M N O P Qu R S T U V W X Y Z

A B C D E F G H I J K L **M** N O P Qu R S T U V W X Y Z

Mit|tag, der
die Mit|ta|ge
mit|tags
Mitt|woch, der
die Mitt|wo|che
mö|gen
er mag,
er möch|te,
er moch|te,
er hat ge|mocht
mög|lich
Möh|re, die
die Möh|ren
Mohr|rü|be, die
die Mohr|rü|ben
Mo|nat, der
die Mo|na|te
Mond, der
die Mon|de
Mon|tag, der
die Mon|ta|ge
mor|gen
morgen Abend
Mor|gen, der
sie wacht am Morgen auf
mor|gens
sie wacht morgens auf
Mo|tor, der
die Mo|to|ren
mü|de
Mund, der
die Mün|der
Mu|sik, die
müs|sen
sie muss,
sie muss|te,
sie müss|te
Mut, der
mu|tig
mu|ti|ger,
am mu|tigs|ten
Mut|ter, die
die Müt|ter
Müt|ze, die
die Müt|zen

N/n

nach

nach Hau|se
auch: nach|hau|se

nach|her

Nach|mit|tag, der
die Nach|mit|ta|ge

nach|mit|tags

nächs|te
die nächste Stunde

Nacht, die
die Näch|te

nachts

Na|del, die
die Na|deln

Na|gel, der
die Nä|gel

na|he
nä|her,
am nächs|ten

nahm → nehmen

Na|me, der
die Na|men

Na|mens|tag, der
die Na|mens|ta|ge

Napf, der
die Näp|fe

Na|se, die
die Na|sen

nass
nas|ser/näs|ser,
am nas|ses|ten/
am näs|ses|ten

Ne|bel, der
die Ne|bel

ne|ben

neb|lig

neh|men
er nimmt, er nahm,
er hat ge|nom|men

nein

nen|nen
sie nennt,
sie nann|te,
sie hat ge|nannt

Nest, das
die Nes|ter

nett
net|ter,
am net|tes|ten
neu
neu|er, am neu|es|ten
neun
nicht
nichts
nie
Ni|ko|laus, der
Ni|xe, die
die Ni|xen
noch
nö|tig
No|vem|ber, der
Nu|del, die
die Nu|deln
nun
nur
Nuss, die
die Nüs|se

O/o

ob
ob das wohl stimmt?
oben
Obst, das
ob|wohl
oder
Ofen, der
die Öfen
of|fen
öff|nen
sie öffnet die Tür
oft
oh|ne
Ohr, das
die Oh|ren
Ok|to|ber, der
Oma, die
die Omas
On|kel, der
die On|kel
Opa, der
die Opas

Oran|ge, die
die Oran|gen
oran|ge
ein orange T-Shirt
ord|nen
Ord|nung, die
es ist in Ordnung
Os|tern

P/p

paar
ein paar Blumen
Paar, das
die Paa|re
ein Paar Schuhe
Päck|chen, das
die Päck|chen
pa|cken
sie packt
Pa|ket, das
die Pa|ke|te
Pan|ne, die
die Pan|nen
Pa|pa, der
die Pa|pas
Pa|pier, das
die Pa|pie|re
Pap|pe, die
die Pap|pen
pas|sen
passt die Hose?

A B C D E F G H I J K L M N O **P** Qu R S T U V W X Y Z

pas|sie|ren
es passiert etwas
Pau|se, die
die Pau|sen
pfei|fen
er pfeift, er pfiff,
er hat ge|pfif|fen
Pferd, das
die Pfer|de
Pflan|ze, die
die Pflan|zen
pflan|zen
sie pflanzt
pfle|gen
er pflegt die Pflanzen
pflü|cken
sie pflückt
Pfüt|ze, die
die Pfüt|zen
Pilz, der
die Pil|ze
pink
Pin|sel, der
die Pin|sel
Piz|za, die
die Piz|zen
auch: die Piz|zas
Plan, der
die Plä|ne
plan|schen
er planscht
Platz, der
die Plät|ze
Plätz|chen, das
die Plätz|chen
plat|zen
der Ballon platzt
plötz|lich
Po|li|zei, die
Pom|mes, die
kurz für:
Pommes frites
Po|ny, das
die Po|nys
Po|po, der
die Po|pos
Post, die
Preis, der
die Prei|se

pri|ma
das ist prima
(sehr gut)
Prinz, der
die Prin|zen
Prin|zes|sin, die
die Prin|zes|sin|nen
pro|bie|ren
er pro|biert
Pul|li, der
die Pul|lis
Pul|lo|ver, der
die Pul|lo|ver,
auch: der Pull|over
Punkt, der
die Punk|te
Pup|pe, die
die Pup|pen
pus|ten
sie pus|tet
put|zen
er putzt

Qu/qu

Qua|drat, das
die Qua|dra|te
qua|ken
der Frosch quakt
quä|len
Qual|le, die
die Qual|len
Quark, der
Quatsch, der
quat|schen
sie quatscht
quer
quiet|schen
die Tür quietscht

A B C D E F G H I J K L M N O P Qu R S T U V W X Y Z

R/r 

Ra|be, der
die Ra|ben

Rad, das
die Rä|der

Rad fah|ren
sie fährt Rad,
sie fuhr Rad,
sie ist Rad ge|fah|ren

Rad|fah|rer, der
die Rad|fah|rer

Rad|fah|re|rin, die
die Rad|fah|re|rin|nen

Ra|dio, das
die Ra|di|os

ra|sen
sie rast

Ra|sen, der

ra|ten
er rät, er riet,
er hat ge|ra|ten

Rät|sel, das
die Rät|sel

rau|ben
er raubt

rau|fen
sie rauft (zankt) sich mit ihm

Rau|pe, die
die Rau|pen

rech|nen
sie rech|net

rechts

re|den
er re|det

Re|gen, der

reg|nen
es reg|net

rei|ben
sie reibt, sie rieb,
sie hat ge|rie|ben

reich
rei|cher,
am reichs|ten

Rei|he, die
die Rei|hen

Reis, der

rei|sen
er reist, er reis|te,
er ist ge|reist
sie reist in die Ferien

rei|ßen
sie reißt, sie riss,
sie hat ge|ris|sen
er reißt Papier kaputt

rei|ten
er rei|tet, er ritt,
er ist ge|rit|ten

ren|nen
sie rennt, sie rann|te,
sie ist ge|rannt

ret|ten
sie ret|tet

rich|tig

rie|chen
es riecht, es roch,
es hat ge|ro|chen

rief → rufen

Rie|se, der
die Rie|sen

Ring, der
die Rin|ge

Rock, der
die Rö|cke

rol|len
er rollt

Rol|ler, der
die Rol|ler

ro|sa
ein rosa Kleid

rot

Rü|cken, der
die Rü|cken

ru|fen
sie ruft, sie rief,
sie hat ge|ru|fen

Ru|he, die

ru|hig

rund

Rut|sche, die
die Rut|schen

rut|schen
sie rutscht

A B C D E F G H I J K L M N O P Qu R S T U V W X Y Z

S/s

Sa|che, die
die Sa|chen

Saft, der
die Säf|te

sa|gen
er sagt, er sag|te,
er hat ge|sagt

sah → sehen

Sa|lat, der
die Sa|la|te

Salz, das

Sa|men, der
die Sa|men

sam|meln
er sam|melt

Sams|tag, der
die Sams|ta|ge

Sand, der

san|dig

saß → sitzen

Satz, der
die Sät|ze

sau|ber

sau|er

sau|fen
der Hund säuft

sau|sen
sie saust (rennt) davon

Sch/sch

Schaf, das
die Scha|fe

schaf|fen

scharf
schär|fer,
am schärfs|ten

Schat|ten, der
die Schat|ten

schau|en
er schaut

schei|nen
die Sonne scheint,
sie schien,
sie hat ge|schie|nen

schen|ken
er schenkt

Sche|re, die
die Sche|ren
schi|cken
sie schickt
schief
Schiff, das
die Schif|fe
schla|fen
er schläft,
er schlief,
er hat ge|schla|fen
schla|gen
sie schlägt,
sie schlug,
sie hat ge|schla|gen
schlecht
schlech|ter,
am schlech|tes|ten
schlimm
schlim|mer,
am schlimms|ten
Schlit|ten, der
die Schlit|ten
Schloss, das
die Schlös|ser

Schlüs|sel, der
die Schlüs|sel
schme|cken
das schmeckt gut
Schmet|ter|ling, der
die Schmet|ter|lin|ge
schmü|cken
sie schmückt sich
schmut|zig
Schnee, der
schnei|den
er schnei|det,
er schnitt,
er hat ge|schnit|ten
schnei|en
es schneit
schnell
schnel|ler,
am schnells|ten
Scho|ko|la|de, die
die Scho|ko|la|den
schon
ich bin schon da
schön
schö|ner,
am schöns|ten

Schrank, der
die Schrän|ke

Schreck, der
die Schre|cken

schreck|lich

schrei|ben
sie schreibt,
sie schrieb,
sie hat ge|schrie|ben

schrei|en
er schreit, er schrie,
er hat ge|schrien

Schuh, der
die Schu|he

Schu|le, die
die Schu|len

Schü|ler, der
die Schü|ler

Schü|le|rin, die
die Schü|le|rin|nen

Schüs|sel, die
die Schüs|seln

Schwamm, der
die Schwäm|me

schwarz
schwär|zer,
am schwär|zes|ten

Schwein, das
die Schwei|ne

schwer
schwe|rer,
am schwers|ten

Schwes|ter, die
die Schwes|tern

schwim|men
sie schwimmt,
sie schwamm,
sie ist ge|schwom|men

S/s

sechs

See, der
die Seen
die See (das Meer)

se|hen
er sieht, er sah,
er hat ge|se|hen

sehr

seid → sein
ihr seid klug
Sei|fe, die
die Sei|fen
Seil, das
die Sei|le
sein
ich bin, du bist,
er, sie, es ist, wir sind,
ihr seid, sie sind,
sie war,
sie ist ge|we|sen
sein
sei|ne, sei|ner
seit
seit gestern
Sei|te, die
die Sei|ten
Se|kun|de, die
die Se|kun|den
selbst
sel|ten
Sep|tem|ber, der
set|zen
sie setzt sich auf den Stuhl

sich
sie
sie|ben
sie|gen
sieht → sehen
sind → sein
sin|gen
er singt, er sang,
er hat ge|sun|gen
sit|zen
sie sitzt, sie saß,
sie hat ge|ses|sen
sie sitzt auf dem Stuhl
so
so|fort
so|gar
Sohn, der
die Söh|ne
sol|len
er soll das nicht tun
Som|mer, der
son|dern
Sonn|abend, der
die Sonn|aben|de

A B C D E F G H I J K L M N O P Qu R **S** T U V W X Y Z

Son|ne, die
die Son|nen
son|nig
Sonn|tag, der
die Sonn|ta|ge
sonst

Sp/sp

Spa|ghet|ti, die
auch: die Spa|get|ti
span|nend
spa|ren
sie spart
Spaß, der
die Spä|ße
spät
spä|ter,
am spä|tes|ten
Spatz, der
die Spat|zen
sper|ren
Spie|gel, der
die Spie|gel
Spiel, das
die Spie|le
spie|len
sie spielt
spitz
Sport, der
sport|lich
spre|chen
sie spricht, sie sprach,
sie hat ge|spro|chen
sprin|gen
er springt, er sprang,
er ist ge|sprun|gen

St/st

Sta|chel, der
die Sta|cheln
Stadt, die
die Städ|te
stand → stehen
Stan|ge, die
die Stan|gen
Stän|gel, der
die Stän|gel

stark
stär|ker,
am stärks|ten

ste|cken
der Schlüssel steckt

ste|hen
sie steht, sie stand,
sie hat ge|stan|den

stei|gen
sie steigt,
sie stieg,
sie ist ge|stie|gen

Stein, der
die Stei|ne

stel|len
sie stellt sich hin

Stern, der
die Ster|ne

Stie|fel, der
die Stie|fel

Stift, der
die Stif|te

still
stil|ler, am stills|ten

Stim|me, die
die Stim|men

stim|men
es stimmt

Stirn, die
die Stir|nen

Stock, der
die Stö|cke

Stoff, der
die Stof|fe

stolz
stol|zer,
am stol|zes|ten

Stra|ße, die
die Stra|ßen

Strauch, der
die Sträu|cher

strei|cheln
er strei|chelt

Streit, der

strei|ten
sie strei|tet, sie stritt,
sie hat ge|strit|ten

Strumpf, der
die Strümp|fe

Stück, das
die Stü|cke
Stuhl, der
die Stüh|le
Stun|de, die
die Stun|den

S/s 

su|chen
sie sucht, sie such|te,
hat ge|sucht
sum|men
er summt
Sup|pe, die
die Sup|pen
süß
sü|ßer, am sü|ßes|ten

T/t 

Ta|fel, die
die Ta|feln
Tag, der
die Ta|ge
Tan|ne, die
die Tan|nen
Tan|nen|baum, der
die Tan|nen|bäu|me
Tan|te, die
die Tan|ten
Tanz, der
die Tän|ze
tan|zen
sie tanzt
Ta|sche, die
die Ta|schen
Tas|se, die
die Tas|sen
Ta|xi, das
die Ta|xis
Ted|dy, der
die Ted|dys

Tee, der
die Tees
tei|len
sie teilt
Te|le|fon, das
die Te|le|fo|ne
Tel|ler, der
die Tel|ler
Tem|pe|ra|tur, die
die Tem|pe|ra|tu|ren
teu|er
Text, der
die Tex|te
Ther|mo|me|ter, das
die Ther|mo|me|ter
tief
tie|fer, am tiefs|ten
Tier, das
die Tie|re
Ti|ger, der
die Ti|ger
Tisch, der
die Ti|sche
to|ben
er tobt
Toch|ter, die
die Töch|ter
toll
tol|ler, am tolls|ten
To|ma|te, die
die To|ma|ten
Topf, der
die Töp|fe
Tor, das
die To|re
Tor|te, die
die Tor|ten
tot
tra|gen
sie trägt, sie trug,
sie hat ge|tra|gen
Traum, der
die Träu|me
träu|men
sie träumt
trau|rig
trau|ri|ger,
am trau|rigs|ten
Trep|pe, die
die Trep|pen

tre|ten
er tritt, er trat,
er hat ge|tre|ten

trin|ken
sie trinkt, sie trank,
sie hat ge|trun|ken

tro|cken

trotz|dem

Tuch, das
die Tü|cher

tun
er tut, er tat,
er hat ge|tan

Tür, die
die Tü|ren

Turm, der
die Tür|me

tur|nen
sie turnt

Tü|te, die
die Tü|ten

U/u

üben
er übt

über

über|all

über|haupt

über|ho|len

über|que|ren

Übung, die
die Übun|gen

Ufer, das
die Ufer

Uhr, die
die Uh|ren

um

um|fal|len
sie fällt um,
sie fiel um,
sie ist um|ge|fal|len

und

Un|fall, der
die Un|fäl|le

Un|glück, das
die Un|glü|cke
un|heim|lich
uns
un|ser, un|se|re
Un|sinn, der
un|ten
un|ter
un|ter|hal|ten
Un|ter|richt, der
Ur|laub, der
die Ur|lau|be
sie fahren in den Urlaub (die Ferien)

V/v

Va|ter, der
die Vä|ter
ver|ab|re|den
ver|ges|sen
sie ver|gisst,
sie ver|gaß,
sie hat ver|ges|sen
ver|gess|lich
ver|kau|fen
er ver|kauft
Ver|kehr, der
ver|klei|den
sie verkleidet sich
ver|let|zen
sie hat sich verletzt
ver|lie|ren
er ver|liert, er ver|lor,
er hat ver|lo|ren
ver|rei|sen
er ver|reist
ver|ste|cken
sie versteckt sich

ver|ste|hen
sie ver|steht,
sie ver|stand,
sie hat ver|stan|den
ver|su|chen
er versucht es
viel
vie|le, vie|les
viel|leicht
vier
Vo|gel, der
die Vö|gel
voll
vom
von
vor
vor|bei
vor|her
vor|le|sen
er liest vor, er las vor,
er hat vor|ge|le|sen
Vor|mit|tag, der
die Vor|mit|ta|ge
vor|mit|tags
vorn
vor|sich|tig

W/w

wach
wach|sen
sie wächst,
sie wuchs,
sie ist ge|wach|sen
Waf|fel, die
die Waf|feln
Wa|gen, der
die Wa|gen
wahr
das ist nicht wahr
Wald, der
die Wäl|der
Wand, die
die Wän|de
wan|dern
sie wan|dert
wann
war → sein
sie war krank
warm
wär|mer,
am wärms|ten

Wär|me, die
war|ten
sie war|tet
wa|rum
was
wa|schen
er wäscht, er wusch,
er hat ge|wa|schen
Was|ser, das
die Was|ser
We|cker, der
die We|cker
weg
Weg, der
die We|ge
weg|ge|hen
→ gehen
weich
wei|cher,
am weichs|ten
Weih|nach|ten
weil
wei|nen
er weint
weiß
das weiße T-Shirt

weiß → wissen
ich weiß das
weit
wei|ter
wel|che
wel|cher, wel|ches
Wel|le, die
die Wel|len
Welt, die
die Wel|ten
wem
wen
we|nig
we|ni|ger,
am we|nigs|ten
wenn
wenn ich da bin
wer
wer|den
es wird, es wur|de,
es ist ge|wor|den
wer|fen
er wirft, er warf,
es hat ge|wor|fen
wet|ten
sie wet|tet

Wet|ter, das

wie

wie|der

Wie|se, die
die Wie|sen

wild

will → wollen

Wim|per, die
die Wim|pern

Wind, der
die Win|de

Win|ter, der
die Win|ter

Wip|pe, die
die Wip|pen

wip|pen
er wippt

wir

wird → werden

wirk|lich

wis|sen
sie weiß,
sie wuss|te,
sie hat ge|wusst

Witz, der
die Wit|ze

wit|zig

wo

Wo|che, die
die Wo|chen

wo|her

wo|hin

wohl

woh|nen
er wohnt

Woh|nung, die
die Woh|nun|gen

Wol|ke, die
die Wol|ken

wol|kig

Wol|le, die

wol|len
er will, er woll|te,
er hat ge|wollt

Wort, das
die Wör|ter

Wunsch, der
die Wün|sche

wün|schen
sie wünscht

Wurst, die
die Würs|te
Wur|zel, die
die Wur|zeln
Wut, die
wü|tend

X/x

Xy|lo|fon, das
die Xy|lo|fo|ne
auch: das Xy|lo|phon

Y/y

Yo-Yo, das
die Yo-Yos
auch: das Jo-Jo,
die Jo-Jos
Yp|si|lon, das

Z/z

Zahl, die
die Zah|len
zah|len
er zahlt
zäh|len
sie zählt
Zahn, der
die Zäh|ne
Zan|ge, die
die Zan|gen
zart
zärt|lich
zau|bern
er zau|bert
Zaun, der
die Zäu|ne
Zeh, der
auch: die Ze|he,
die Ze|hen
zehn
zeich|nen
er zeich|net
zei|gen
sie zeigt

A B C D E F G H I J K L M N O P Qu R S T U V W X Y Z

Zeit, die
die Zei|ten
Zei|tung, die
die Zei|tun|gen
zer|rei|ßen
sie zer|reißt
Zet|tel, der
die Zet|tel
zie|hen
sie zieht, sie zog,
sie hat ge|zo|gen
Zim|mer, das
die Zim|mer
Zir|kus, der
die Zir|kus|se
Zoo, der
die Zoos
Zopf, der
die Zöp|fe
zu
Zu|cker, der
zu|erst
Zug, der
die Zü|ge
zu Hau|se
auch: zu|hau|se
zu|letzt
zum
sie geht zum
(zu dem) Bäcker
zu|ma|chen
Zun|ge, die
die Zun|gen
zu|pa|cken
zur
er geht zur
(zu der) Schule
zu|rück
zu|rück|ge|hen
zu|sam|men
zu viel
er hat zu viel gegessen
zwan|zig
zwei
Zweig, der
die Zwei|ge
Zwerg, der
die Zwer|ge
Zwie|bel, die
die Zwie|beln
zwi|schen
zwölf

A/a

Aal, der
die Aa|le
ab
ab morgen
ab und zu

ab|bei|ßen
sie beißt ab, biss ab,
hat ab|ge|bis|sen
Abend/abends ➜
der Abend,
die Aben|de
abends
Aben|teu|er, das
die Aben|teu|er
das Aben|teu|er|buch
aben|teu|er|lich
aber
ab|fah|ren
der Zug fährt ab
Ab|fall, der
die Ab|fäl|le
Ab|gas, das
die Ab|ga|se
ab|ge|ben
er gibt ab, gab ab,
hat ab|ge|ge|ben
Ab|grund, der
ab|ho|len
sie holt ab
ab|kür|zen
die Ab|kür|zung
ab|mel|den
er meldet sich ab
Ab|satz, der
die Ab|sät|ze
ab|schi|cken
er schickt den Brief ab

➜ **Abend/abends**

Großschreibung
am Abend
eines Abends
heute Abend
jeden Abend
am Dienstagabend
es wird Abend
guten Abend

Kleinschreibung
abends
dienstagabends
morgens und abends

A B C D E F G H I J K L M N O P Qu R S T U V W X Y Z

Ab|schied, der
die Ab|schie|de
sich ver|ab|schie|den

ab|schnei|den → schneiden

ab|schrei|ben
er schreibt ab,
schrieb ab,
hat ab|ge|schrie|ben
die Ab|schrift

Ab|sicht, die
die Ab|sich|ten

ab|sicht|lich

Ab|sturz, der
die Ab|stür|ze
ab|stür|zen

ab|trock|nen
er trock|net ab

ab|wärts

Ab|was|ser, das
die Ab|wäs|ser

ach
ach so!

Ach|se, die
die Ach|sen

Ach|sel, die
die Ach|seln

acht/Acht →
acht|zehn, acht|zig,
acht|hun|dert

acht
acht|ge|ben
gib acht!
sich in Acht nehmen

ach|ten
auf et|was ach|ten
die Ach|tung

Acker, der
die Äcker

Ader, die
die Adern

Ad|jek|tiv, das
(Eigenschaftswort,
Wiewort)
die Ad|jek|ti|ve

Ad|ler, der
die Ad|ler

Ad|res|se, die
(die Anschrift)
ad|res|sie|ren

Ad|vent
der Ad|vents|kranz
die Ad|vents|zeit

Af|fe, der
die Af|fen

Af|ri|ka
af|ri|ka|nisch
die Af|ri|ka|ner
ah|nen
er ahnt es
ich habe keine Ahnung
ah|nungs|los
ähn|lich
ähn|li|cher,
am ähn|lichs|ten
Ahorn, der
die Ahor|ne

Äh|re, die
die Äh|ren
Ak|kor|de|on, das
die Ak|kor|de|ons
Ak|ku|sa|tiv, der
(Wenfall)
Alarm, der
al|bern
Al|ko|hol, der
All, das
das Welt|all
all, al|le, al|les
all die Kin|der
al|le bei|de
alles Gute
al|lein
allein sein, von allein
al|ler|dings
al|ler|lei
all|ge|mein
im All|ge|mei|nen
all|mäh|lich

➜ **acht/Acht**

Kleinschreibung
acht Jahre alt sein
acht mal zwei
es ist halb acht
achtens

Großschreibung
die Zahl Acht
eine Acht fahren
ein Achtel
er wurde Achter

Mit Zahl oder ausgeschrieben
achtjährig – 8-jährig
achtmal – 8-mal
am achten *oder*
8. Januar

A
B
C
D
E
F
G
H
I
J
K
L
M
N
O
P
Qu
R
S
T
U
V
W
X
Y
Z

All|tag, der
all|täg|lich

Al|pha|bet, das
die Al|pha|be|te
al|pha|be|tisch

als
er ist größer als ich

al|so

alt
äl|ter, am äl|tes|ten
das Al|ter

am
am (an dem) Morgen
am bes|ten

Amei|se, die
die Amei|sen

Ame|ri|ka
ame|ri|ka|nisch
die Ame|ri|ka|ner

Am|pel, die
die Am|peln

Am|sel, die
die Am|seln

an
die Heizung ist an

Ana|nas, die
die Ana|nas
auch: die Ana|nas|se

An|den|ken, das
die An|den|ken

an|de|re
der an|de|re
alle an|de|ren
an|de|re Kin|der
je|mand an|de|res

än|dern
das än|dert sich
die Än|de|rung

an|ders
das ist ganz anders

An|fang, der
die An|fän|ge
an|fan|gen
sie fängt an, fing an,
hat an|ge|fan|gen

an|fas|sen
sie fasst an

an|ge|ben
er gibt an, gab an,
hat an|ge|ge|ben
der An|ge|ber,
die An|ge|be|rin

an|ge|nehm
an|ge|neh|mer,
am an|ge|nehms|ten

an|grei|fen → greifen

Angst/angst ➜

die Angst,

die Ängs|te

ängst|lich

ängst|li|cher,

am ängst|lichs|ten

an|hal|ten

er hält an, hielt an,

hat an|ge|hal|ten

An|hän|ger, der

an|kli|cken

sie klickt an,

klick|te an,

hat an|ge|klickt

an|kom|men

sie kommt an, kam an,

ist an|ge|kom|men

an|kün|di|gen

er kündigt an

die An|kün|di|gung

An|kunft, die

an|leh|nen

er lehnt sich an

an|ma|chen

sie macht das Licht an

an|mel|den

er mel|det sich an

die An|mel|dung

Ano|rak, der

die Ano|raks

an|pro|bie|ren

sie pro|biert an

an|re|den → reden

an|ru|fen

er ruft an, rief an,

hat an|ge|ru|fen

der An|ruf

ans

ans (an das) Fenster gehen

➜ **Angst/angst**

Großschreibung

Angst haben

sie hat Angst

Angst machen

es macht mir Angst

Kleinschreibung

mir ist angst und bange

A B C D E F G H I J K L M N O P Qu R S T U V W X Y Z

an|sa|gen
er sagt an, die An|sa|ge
der An|sa|ger,
die An|sa|ge|rin
an|schau|en
sie schaut an
an|se|hen
er sieht an, sah an,
hat an|ge|se|hen
An|sicht, die
an|statt
an|ste|cken
an|stel|len
sie stellt sich an
an|stren|gen
er strengt sich an
das ist anstrengend
An|ten|ne, die
die An|ten|nen
Ant|wort, die
die Ant|wor|ten
ant|wor|ten,
sie ant|wor|tet
an|zie|hen
er zieht sich an,
zog sich an,
hat sich an|ge|zo|gen
der An|zug

an|zün|den
Ap|fel, der
die Äp|fel

Ap|fel|si|ne, die
die Ap|fel|si|nen

Apo|the|ke, die
die Apo|the|ken
Ap|pe|tit, der
ap|pe|tit|lich
Ap|ril, der
Aqua|ri|um, das
die Aqua|ri|en

Ar|beit, die
die Ar|bei|ten
ar|bei|ten, sie ar|bei|tet
Ar|beiter, der
die Ar|bei|ter,
die Ar|bei|te|rin,
die Ar|bei|te|rin|nen
Är|ger, der
är|gern, är|ger|lich
er ärgert sich über sie
arm
är|mer, am ärms|ten
die Ar|men
ärm|lich

Arm, der
die Ar|me
Är|mel, der
die Är|mel
Ar|mut, die
Art, die
die Ar|ten
ar|tig
ar|ti|ger,
am ar|tigs|ten
Ar|ti|kel, der
die Ar|ti|kel (Begleiter)
Arzt, der
die Ärz|te,
die Ärz|tin,
die Ärz|tin|nen
aß → essen
Asi|en
asi|atisch
die Asi|aten
Ast, der
die Äs|te
As|tro|naut, der
die As|tro|nau|ten,
die As|tro|nau|tin
Atem, der
at|men, at|me|te,
sie hat ge|at|met
At|las, der
die At|lan|ten,
auch: die At|las|se
auch
auf
auf ein|mal
auf|bau|en
er baut auf
der Auf|bau
auf|es|sen
sie isst auf, aß auf,
hat auf|ge|ges|sen
auf|fal|len
sie fällt auf, fiel auf,
ist auf|ge|fal|len
Auf|ga|be, die
die Auf|ga|ben
auf|ge|ben
er gibt auf, gab auf,
hat auf|ge|ge|ben
auf|ge|regt
er ist aufgeregt
auf|he|ben
er hebt auf, hob auf,
hat auf|ge|ho|ben
auf|hö|ren
sie hört auf

auf|klä|ren
er klärt auf
die Auf|klär|ung
Auf|lauf, der
die Auf|läu|fe
auf|merk|sam
auf|merk|sa|mer,
am auf|merk|sams|ten
Auf|merk|sam|keit, die
auf|pas|sen
sie passt auf
auf|räu|men
er räumt auf
auf|re|gen
sie regt sich auf
auf|re|gend,
auf|re|gen|der,
am auf|re|gends|ten
Auf|re|gung, die
aufs
sich aufs (auf das) Sofa setzen
Auf|satz, der
die Auf|sät|ze
Auf|sicht, die
auf|ste|hen
er steht auf, stand auf,
ist auf|ge|stan|den
Auf|trag, der
die Auf|trä|ge
auf|wa|chen
sie wacht auf
auf|wärts
auf|we|cken
er weckt auf
auf|ge|weckt
Au|ge, das
die Au|gen
Au|gen|blick, der
die Au|gen|bli|cke
Au|gen|braue, die
die Au|gen|brau|en
Au|gust, der
Au|la, die
die Au|len
auch: die Au|las
aus
Aus|bil|dung, die
aus|bil|den
aus|ge|bil|det
aus|brei|ten
es brei|tet sich aus
Aus|druck, der
die Aus|dru|cke
aus|dru|cken
er druckt den Text aus

aus|ein|an|der
aus|ein|an|der|bre|chen
Aus|flug, der
die Aus|flü|ge
aus|führ|lich
Aus|gang, der
die Aus|gän|ge
aus|ge|hen
Aus|kunft, die
die Aus|künf|te
aus|la|chen
sie lacht ihn aus
aus|lei|hen → leihen
Aus|nah|me, die
die Aus|nah|men
aus|nahms|wei|se
aus|pa|cken
sie packt aus
Aus|re|de, die
die Aus|re|den
aus|rei|ßen
er reißt aus,
riss aus,
ist aus|ge|ris|sen
Aus|rei|ßer, der
die Aus|rei|ßer
aus|ru|hen
sie ruht sich aus
aus|rut|schen
er rutscht aus
aus|schla|fen → schlafen
aus|schnei|den →
schneiden
aus|se|hen → sehen
au|ßen
von außen, nach außen
au|ßer
außer ihm kommen alle
au|ßer|dem
au|ßer|halb
Aus|stel|lung, die
die Aus|stel|lun|gen
aus|stel|len
aus|tra|gen → tragen
Aus|weg, der
die Aus|we|ge
Aus|weis, der
die Aus|wei|se
aus|wen|dig
etwas auswendig lernen
aus|zie|hen → ziehen
Au|to, das
die Au|tos
die Au|to|bahn
die Au|to|fah|rer

Au|to|mat, der
die Au|to|ma|ten
au|to|ma|tisch
Au|tor, der
die Au|to|ren,
die Au|to|rin
Axt, die
die Äx|te

B/b

Ba|by, das
die Ba|bys
Bach, der
die Bä|che
Ba|cke, die
die Ba|cken
ba|cken
er bäckt *oder:* backt,
back|te,
hat ge|ba|cken
der Bä|cker,
die Bä|cke|rin
die Bä|cke|rei
Bad, das
die Bä|der

ba|den
sie ba|det
die Ba|de|wan|ne
Bag|ger, der
die Bag|ger
bag|gern, er bag|gert
Bahn, die
die Bah|nen
der Bahn|hof
der Bahn|steig

Bak|te|rie, die
die Bak|te|ri|en
(Krankheitserreger)

bald
sie kommt bald

Bal|ken, der
die Bal|ken

Bal|kon, der
die Bal|kons
auch: die Bal|ko|ne

Ball, der
die Bäl|le

Bal|lett, das
die Bal|let|te

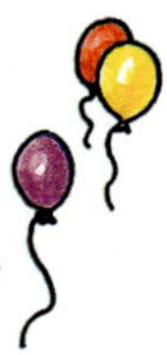

Bal|lon, der
die Bal|lons
auch: die Bal|lo|ne

Ba|na|ne, die
die Ba|na|nen

band → binden

Band, das
die Bän|der

Band, der
die Bän|de (Bücher)

Band, die
die Bands
(Musikgruppen)

bang(e)
ban|ge sein
mir ist bange
Bangemachen gilt nicht

Bank, die
die Bän|ke
alle Bänke sind besetzt

Bank, die
die Ban|ken
sie holt ihr Geld von der Bank

Bär, der
die Bä|ren

bar|fuß
bar|fuß ge|hen

Bart, der
die Bär|te

bas|teln
er bas|telt
die Bas|te|lei

bat → bitten

Bat|te|rie, die
die Bat|te|ri|en

Bauch, der
die Bäu|che
der Bauch|na|bel
das Bauch|weh

A B C D E F G H I J K L M N O P Qu R S T U V W X Y Z

bau|en
sie baut
der Bau,
die Bau|ten
die Bau|stel|le
Bau|er, der
die Bau|ern,
die Bäu|e|rin
der Bau|ern|hof
Baum, der
die Bäu|me
Bea|mer, der
die Bea|mer
bea|men, er beamt
Becher, der
die Be|cher

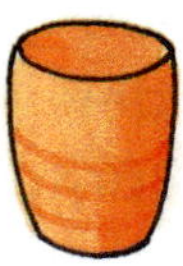

Be|cken, das
die Be|cken
be|dan|ken
er bedankt sich
be|deu|ten
es be|deu|tet
die Be|deu|tung
be|ei|len
er beeilt sich
Be|er|di|gung, die
die Be|er|di|gun|gen
be|er|di|gen

Bee|re, die
die Bee|ren
Beet, das
die Bee|te
be|feh|len
sie be|fiehlt,
sie be|fahl,
sie hat be|foh|len
be|fin|den
das Be|fin|den
be|frei|en
be|gabt
die Be|ga|bung
be|geg|nen
er be|geg|net
die Be|geg|nung
be|gin|nen
sie be|ginnt, be|gann,
hat be|gon|nen
be|grü|ßen
be|hal|ten
du be|hältst,
er be|hält, be|hielt,
hat be|hal|ten
be|han|deln
be|haup|ten
er be|haup|tet
die Be|haup|tung

be|hin|dern
be|hin|dert
die Be|hin|der|ten
bei
bei|de
beide Arme
wir beide
die beiden
beim
beim (bei dem) Laufen
Bein, das
die Bei|ne
bei|na|he
Bei|spiel, das
die Bei|spie|le
zum Bei|spiel
bei|ßen
sie beißt, biss,
hat ge|bis|sen
be|kannt
be|kannt sein
die Be|kann|ten
be|kom|men
er be|kommt, be|kam,
hat be|kom|men
be|lei|di|gen
sie ist be|lei|digt
die Be|lei|di|gung
be|leuch|ten
die Straße ist beleuchtet
die Be|leuch|tung
be|liebt
be|lieb|ter,
am be|lieb|tes|ten
bel|len
er bellt, bell|te,
hat ge|bellt
das Ge|bell
be|loh|nen
sie wur|de be|lohnt
die Be|loh|nung
be|lü|gen
sie be|lügt, be|log,
sie hat ihn belogen
be|mer|ken
er be|merkt mich
die Be|mer|kung
be|mü|hen
sie be|müht sich
be|neh|men
er be|nimmt sich,
be|nahm sich,
hat sich be|nom|men
das Be|neh|men

be|nö|ti|gen
sie be|nö|tigt et|was

be|nut|zen
er be|nutzt
auch: be|nützt

Ben|zin, das

be|ob|ach|ten
er be|ob|ach|tet
die Be|ob|ach|tung

be|quem
be|que|mer,
am be|quems|ten
die Be|quem|lich|keit

be|reit
be|reit sein
ich bin bereit

be|rei|ten
etwas vor|be|rei|ten,
zu|be|rei|ten

be|reits
sie ist bereits (schon) da

Berg, der
die Ber|ge
ber|gig

Be|richt, der
die Be|rich|te
be|rich|ten,
sie be|rich|tet

be|rich|ti|gen
er be|rich|tigt
die Be|rich|ti|gung

Be|ruf, der
die Be|ru|fe
be|rufs|tä|tig

be|rühmt
be|rühm|ter,
am be|rühm|tes|ten

be|schaf|fen

be|schäf|ti|gen
sie be|schäf|tigt sich
die Be|schäf|ti|gung

Be|scheid, der
die Be|schei|de
Bescheid sagen
Bescheid wissen

be|schei|den
die Be|schei|den|heit

be|schrei|ben
sie be|schreibt,
be|schrieb,
hat be|schrie|ben
die Be|schrei|bung

be|schüt|zen
sie be|schützt ihn

be|schwe|ren
er be|schwert sich

Be|sen, der
die Be|sen
be|set|zen
es ist besetzt
be|sich|ti|gen
er be|sich|tigt
die Be|sich|ti|gung
be|sit|zen → sitzen
sie be|sitzt
der Be|sitz
be|son|ders
bes|ser → gut
beste/Beste →
be|ste|hen
er be|steht, be|stand,
hat be|stan|den
be|stim|men
sie be|stimmt
die Be|stim|mung
be|stimmt
sie kommen bestimmt
Be|such, der
die Be|su|che
die Be|su|cher und
Be|su|che|rin|nen
be|su|chen, er be|sucht
be|ten
sie be|tet, das Ge|bet
be|trach|ten
sie be|trach|tet
Be|trag, der
die Be|trä|ge
be|tra|gen
die Summe beträgt
Be|trieb, der
die Be|trie|be
Bett, das
die Bet|ten
das Bett|tuch
bet|teln
sie bet|telt
der Bett|ler

→ **beste/Beste**

Kleinschreibung
die beste Schülerin
es ist am besten
bestens

Großschreibung
die Beste der Klasse
es ist das Beste
der erste Beste

beu|gen
er beugt sich vor
ge|beugt

Beu|le, die
die Beu|len
ver|beu|len

Beu|te, die

be|vor
kurz bevor sie kommt
be|vor|ste|hen

be|wäs|sern
die Wiese wird bewässert
die Be|wäs|se|rung

be|we|gen
er be|wegt sich
sie ist be|weg|lich
die Be|weg|lich|keit
die Be|we|gung

be|wei|sen
sie be|weist, be|wies,
hat be|wie|sen

Be|weis, der
die Be|wei|se

be|wölkt
es be|wölkt sich
die Be|wöl|kung

be|wusst
sich etwas
be|wusst ma|chen
das Be|wusst|sein

be|zah|len
er be|zahlt
die Be|zah|lung

be|zwin|gen
er be|zwingt ihn,
be|zwang ihn,
er hat ihn be|zwun|gen

bib|bern
sie bibbert (zittert) vor Kälte

Bi|bel, die
die Bi|beln
bib|li|sche Geschichten

Bi|blio|thek, die
die Bi|blio|the|ken
(die Büchereien)

bie|gen
er biegt, bog,
hat ge|bo|gen

Bie|ne, die
die Bie|nen

Bier, das
die Bie|re

Biest, das

bie|ten
er bie|tet, bot,
hat ge|bo|ten
sie bietet ihm die Hand

Bike, das
die Bikes

Bild, das
die Bil|der
das Bil|der|buch
der Bild|schirm

bil|den
sie bil|det sich

bil|lig
bil|li|ger, am bil|ligs|ten

bin → sein
ich bin hier

bin|den
sie bin|det, band,
hat ge|bun|den
die Bin|dung

Bin|go, das

Bio|ton|ne, die
die Bio|ton|nen

Bio|top, das
die Bio|to|pe

Bir|ke, die
die Bir|ken

Bir|ne, die
die Bir|nen

bis
bis morgen, bis jetzt
bis|her

Biss, der
die Bis|se, der Bis|sen

biss → beißen

biss|chen
ein bisschen (etwas) Spaß

bis|sig
bis|si|ger, am bis|sigs|ten

bist → sein
du bist mein Freund

Bit, das
die Bits

Bit|te, die
die Bit|ten

bit|ten
er bit|tet, bat,
hat ge|be|ten
bitte sehr!

bit|ter
bit|ter|bö|se
bit|ter|kalt, bit|ter|lich

A B C D E F G H I J K L M N O P Qu R S T U V W X Y Z

bla|mie|ren
er bla|miert sich

blank
blan|ker
blank polieren

Bla|se, die
die Bla|sen

bla|sen
sie bläst, blies,
hat ge|bla|sen

blass
blas|ser/bläs|ser,
am blas|ses|ten/
am bläs|ses|ten
sie wird blass

Blatt, das
die Blät|ter
blät|tern

blau/Blau →
mei|ne blaue Blu|se
bläu|lich

Blech, das
die Ble|che

blei|ben
er bleibt, blieb,
ist ge|blie|ben

bleich
er wird bleich (blass)

Blei|stift, der
die Blei|stif|te

Blick, der
die Bli|cke
bli|cken, sie blickt

blieb → bleiben

blies → blasen

blind
der Blin|de, die Blin|de,
die Blin|den
die Blin|den|schrift

Blind|darm, der

blin|ken
es blinkt
der Blin|ker

blin|zeln

Blitz, der
die Blit|ze
blit|zen, es blitzt
blitz|schnell

Block, der
die Blö|cke
auch: die Blocks

blöd(e)
der Blöd|sinn

Blog, das *oder* der
blog|gen, sie bloggt,
die Blog|ger

blö|ken
das Schaf blökt
blond
sie hat blond gelocktes
auch:
blondgelocktes Haar
bloß
das war bloß (nur) ein
Scherz
sie geht mit bloßen
(nackten) Füßen
Blue|jeans, die
blü|hen
sie blüht
Blu|me, die
die Blu|men
Blu|se, die
die Blu|sen
Blut, das
blu|ten, es blu|tet
Blü|te, die
die Blü|ten
BMX-Rad, das
(*kurz für:* bicycle
moto-cross)
bo|ckig
bo|cki|ger,
am bo|ckigs|ten
Bo|den, der
die Bö|den
bog → biegen
Bo|gen, der
die Bo|gen
auch: die Bö|gen
Boh|ne, die
die Boh|nen

→ **blau/Blau**

Kleinschreibung
mein Pulli ist blau
mein blauer Pulli
blau gestreift,
auch: blaugestreift
dunkelblau, hellblau,
blaugrün, himmelblau
etwas blau anmalen

Großschreibung
die Farbe Blau
das Blau des Himmels
ein tiefes Blau

boh|ren
er bohrt
der Boh|rer
Boi|ler, der
die Boi|ler
Bom|be, die
die Bom|ben
Bon|bon, der *oder* das
die Bon|bons
Boot, das
die Boo|te

Bord, das
die Bor|de
das Bü|cher|bord
bor|gen
sie borgte sich etwas
bö|se
böse sein
etwas Bö|ses
die Bos|heit
Box, die
die Bo|xen
das Pferd steht in seiner Box
bo|xen
er boxt
der Bo|xer, die Bo|xer
brach → brechen
brach|te → bringen
Brand, der
die Brän|de
brann|te → brennen
bra|ten
du brätst,
sie brät, briet,
hat ge|bra|ten
der Bra|ten
die Brat|wurst
Brauch, der
die Bräu|che
brau|chen
du brauchst,
er braucht,
hat ge|braucht
brauch|bar
braun/Braun →

mein brau|ner Pul|li
bräun|lich
Brau|se, die
die Brau|sen
brau|sen
es braust
Braut, die
die Bräu|te,
der Bräu|ti|gam
das Braut|paar

brav
bra|ver,
am bravs|ten

bre|chen
es bricht, brach,
ist ge|bro|chen
der Bruch

Brei, der
die Breie, brei|ig

breit
brei|ter,
am brei|tes|ten
die Brei|te

Brem|se, die
die Brem|sen
brem|sen
das Auto bremst

bren|nen
es brennt, brann|te,
hat ge|brannt
die Brenn|nes|sel
der CD-Bren|ner

Brett, das
die Bret|ter

Bre|zel, die
die Bre|zeln
auch: die Bre|zen

Brief, der
die Brie|fe
der Brief|kas|ten
die Brief|mar|ke
der Brief|trä|ger,
die Brief|trä|ge|rin

Bril|le, die
die Bril|len

brin|gen
sie bringt, brach|te,
hat ge|bracht

→ **braun/Braun**

Kleinschreibung
meine Jacke ist braun
meine braune Jacke
braun gestreift,
auch: braungestreift
dunkelbraun, hellbraun,
braunrot
etwas braun anmalen

Großschreibung
die Farbe Braun
das Braun der Kastanie
ein helles Braun

A
B
C
D
E
F
G
H
I
J
K
L
M
N
O
P
Qu
R
S
T
U
V
W
X
Y
Z

Bro|cken, der
die Bro|cken
das ist ein dicker Brocken (sehr schwierig)

Brok|ko|li, der

Brom|bee|re, die
die Brom|bee|ren

Bron|ze, die
die Bron|ze|me|dail|le
die Bron|ze|zeit

Bro|sche, die
die Bro|schen

Brot, das
die Bro|te
das Bröt|chen

Brow|ser, der
die Brow|ser
brow|sen

Bruch, der
die Brü|che

Brü|cke, die
die Brü|cken

Bru|der, der
die Brü|der
sie teilen brüderlich

brül|len
er brüllt, das Ge|brüll

brum|men
es brummt
der Brum|mer
brum|mig

Brun|nen, der
die Brun|nen

Brust, die
die Brüs|te

brü|ten
die Vögel brüten

Bub, der
die Bu|ben (Jungen)

Buch, das
die Bü|cher
die Bü|che|rei

Bu|che, die
die Bu|chen

Büch|se, die
die Büch|sen

Buch|sta|be, der
die Buch|sta|ben
buch|sta|bie|ren

bü|cken
sie bückt sich

Bu|de, die
die Bu|den

büf|feln
sie büf|felt

A
B
C
D
E
F
G
H
I
J
K
L
M
N
O
P
Qu
R
S
T
U
V
W
X
Y
Z

bü|geln
er bü|gelt
Büh|ne, die
die Büh|nen
Bul|le, der
die Bul|len
Bu|me|rang, der
die Bu|me|rangs
auch: die Bu|me|ran|ge
bum|meln
sie bum|melt
der Bum|mel
Bun|des|land, das
die Bun|des|län|der
Bun|des|tag, der
Bun|ga|low, der
die Bun|ga|lows
bunt
der Bunt|stift

Burg, die
die Bur|gen
Bür|ger, der
die Bür|ger,
die Bür|ge|rin
der Bür|ger|steig
Bü|ro, das
die Bü|ros
Bürs|te, die
die Bürs|ten
bürs|ten, bürs|tet
Bus, der
die Bus|se
die Bus|hal|te|stel|le
Busch, der
die Bü|sche
bü|ßen
er büßt
But|ter, die
die But|ter|milch
But|ton, der
die But|tons
Byte, das
die Bytes,
auch: die Byte (Einheit von 8 Bits)
Ki|lo|byte (*kurz:* KB)

C/c

Cam|ping, das
cam|pen, er campt
der Cam|ping|wagen

CD, die
(*kurz für:* compact disc)
die CD-ROM, die CD-ROMs
der CD-Spie|ler
der CD-Brenner

Cel|lo, das
die Cel|los
auch: die Cel|li

Cel|si|us
5° Celsius

Cent, der
die Cents

Chan|ce, die
die Chan|cen
(Möglichkeiten)

Cha|os, das
(Durcheinander)
die Cha|oten

Cha|rak|ter, der
die Cha|rak|te|re
sie hat einen guten Charakter

chat|ten
sie chat|tet
der Chat|room

che|cken
er hat das nicht gecheckt (begriffen)

Chef, der
die Chefs,
die Che|fin

Che|mie, die
che|misch

Chi|na
chi|ne|sisch
die Chi|ne|sen

Chip, der
die Chips

Chor, der
die Chö|re

Christ, der
die Chris|ten,
die Chris|tin
der Christ|baum
christ|lich, Chris|tus

Cir|cus, der
auch: der Zirkus

cle|ver
ein cleveres (kluges) Mädchen

Clown, der
die Clowns,
die Clow|nin

Co|mic, der
die Co|mics
Com|pu|ter, der
die Com|pu|ter
Con|tai|ner, der
die Con|tai|ner

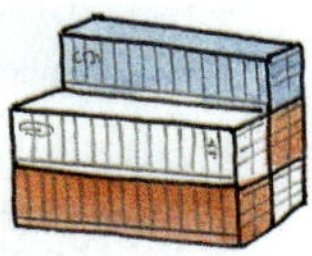

cool
ein cooler (überlegener, ruhiger) Typ
Corn|flakes, die
Couch, die
die Cou|ches
Cou|sin, der
die Cou|sins
Cou|si|ne, die
die Cou|si|nen
auch: die Ku|si|ne
Cow|boy, der
die Cow|boys
Creme, die → Krem
die Cremes
Cur|ry|wurst, die
die Cur|ry|würs|te
Cur|sor, der
die Cur|sors (EDV-Bildschirmanzeiger)

D/d

da
da sein
da|bei
da|bei sein
da|bei blei|ben
da|blei|ben
sie bleibt da
Dach, das
die Dä|cher
dach|te → denken
Da|ckel, der
die Da|ckel
da|durch
da|für
er kann nichts dafür
da|ge|gen
da|heim
da|heim|blei|ben
da|her
da|hin
da|hin|ten
da|hin|ter
da|mals
Da|me, die
das Da|me|spiel

da|mit
däm|lich
Damm, der
die Däm|me
Dampf, der
die Dämp|fe
damp|fen, es dampft
Damp|fer, der

da|nach
da|ne|ben
Dä|ne|mark
dä|nisch, die Dä|nen
Dank, der
Dan|ke sa|gen
vielen Dank
dan|ken, sie dankt
danke, *danke schön*
dank|bar
dann
da|ran
da|rauf
da|raus
darf → dürfen
da|rin
Darm, der
die Där|me
da|rü|ber
da|rum
da|run|ter
das →
das Kind
dass →
das|sel|be
sie hat dasselbe gesagt
Da|tei, die
die Da|tei|en
Da|ten|netz, das
Da|tiv, der
(Wem-Fall)
Da|tum, das
die Da|ten
dau|ern
es dau|ert
die Dau|er
Dau|men, der
die Dau|men
da|von
da|von hö|ren
sie wollen davonlaufen
(weglaufen)
da|vor
da|zu
da|zwi|schen
De|cke, die
die De|cken
de|cken, sie deckt

De|ckel, der
die De|ckel
deh|nen
er dehnt sich
die Deh|nung
dein
dei|ne, dei|nem, dei|nen,
dei|ner, dei|nes
Del|fin, der

die Del|fi|ne
auch: der Del|phin,
die Del|phi|ne
dem
in dem Haus
dem|nächst
den
durch den Tunnel
de|nen
den|ken
sie denkt, dach|te,
hat ge|dacht
das Den|ken
denk|bar
denn
sie fehlt, denn sie ist krank
der
der Mann
des
die Kappe des Jungen
des|halb
Desk|top, der
die Desk|tops
des|sen
des|to
desto besser!
des|we|gen
De|tek|tiv, der

die De|tek|ti|ve,
die De|tek|ti|vin

→ **das/dass**

das (Artikel, Fürwort)
das Buch (dieses Buch)
das Buch, das (welches) dort liegt
ich glaube das (dies) nicht

dass (Bindewort)
ich glaube, dass ich ein Buch bekomme
ich hoffe,
dass du kommst

A B C D E F G H I J K L M N O P Qu R S T U V W X Y Z

deut|lich
deut|li|cher,
am deut|lichs|ten

deutsch/Deutsch →

De|zem|ber, der

Dia|log, der
(Zwiegespräch)
die Dia|lo|ge

dich
ich sehe dich

dicht
dich|ter,
am dich|tes|ten

dich|ten
der Dich|ter,
die Dich|te|rin

dick
di|cker,
am dicks|ten

die
die Frau

Dieb, der
die Die|be,
die Die|bin

Dieb|stahl, der
die Dieb|stäh|le

Die|le, die
die Die|len

Dienstag/dienstags →
der Diens|tag,
die Diens|ta|ge
diens|tags

dies
die|se, die|sem, die|sen,
die|ser, die|ses
die|ses Jahr
die|ses Mal, dies|mal

Dik|tat, das
die Dik|ta|te
dik|tie|ren, dik|tiert

→ **deutsch/Deutsch**

Kleinschreibung
die deutsche Sprache
er spricht deutsch

Großschreibung
ein Deutscher
etwas auf Deutsch sagen
sie spricht gutes Deutsch

Ding, das
die Din|ge
Di|no|sau|ri|er, der
die Di|no|sau|ri|er
dir
ich helfe dir
Dis|ket|te, die
die Dis|ket|ten
das Dis|ket|ten|lauf|werk
Dis|ko|thek, die
die Dis|ko|the|ken
kurz: Dis|ko,
auch: Dis|co
Dis|kus|si|on, die
(Meinungsaustausch)
dis|ku|tie|ren
sie diskutiert mit
Dis|play, das
die Dis|plays
Dis|tel, die
die Dis|teln

doch
Docht, der
die Doch|te
Dok|tor, der
die Dok|to|ren,
die Dok|to|rin

Dom, der
die Do|me

Domp|teur, der
die Domp|teu|re,
die Domp|teu|rin
(Tierbändiger)
Dö|ner, der
(*kurz für:* Dönerkebab)
Don|ner, der
die Don|ner
don|nern, es don|nert

→ **Dienstag/dienstags**

Großschreibung
der Dienstag
am Dienstag
jeden Dienstag
am Dienstagabend

Kleinschreibung
dienstags
dienstagabends

Donnerstag/
donnerstags →
der Don|ners|tag,
die Don|ners|ta|ge
don|ners|tags

doof
die Doof|heit

Dop|pel|punkt, der
die Dop|pel|punk|te

dop|pelt
dop|pelt so schnell
das Dop|pel|te
der Dop|pel|klick
dop|pel|kli|cken

Dorf, das
die Dör|fer

Dorn, der
die Dor|nen
dor|nig
Dorn|rös|chen
(Märchenfigur)

dort
dort|her, dort|hin

Do|se, die
die Do|sen

Down|load, der
down|loa|den,
(herunterladen)
down|ge|loa|det

Dra|che, der
die Dra|chen
ein böser Drache

Dra|chen, der
die Dra|chen
den Drachen steigen lassen

Draht, der
die Dräh|te

dran
dran sein
sie wollte gern drankommen

→ **Donnerstag/ donnerstags**

Großschreibung
der Donnerstag
am Donnerstag
jeden Donnerstag
am Donnerstagabend

Kleinschreibung
donnerstags
donnerstagabends

drän|geln
vor|drän|geln
sie drängelt sich vor
die Drän|ge|lei
drauf (darauf)
drauf|set|zen
drau|ßen
drau|ßen blei|ben
Dreck, der
dre|ckig, dre|cki|ger,
am dre|ckigs|ten
dre|hen
er dreht, die Dre|hung
drei/Drei →
drei|eckig
drei|ßig, drei|zehn,
drei|hun|dert
dre|schen
er drischt, drosch,
hat ge|dro|schen
dres|sie|ren
drin (darin)
drin|nen
drin|gend
drin|gen|der,
am drin|gends|ten
dritte/Dritte →
Dro|ge, die
die Dro|gen

dro|hen
sie droht ihm
die Dro|hung

→ **drei/Drei/ dritte/Dritte**

Kleinschreibung
drei Jahre alt sein
drei mal zwei
es ist halb drei
das dritte Haus
drittens

Großschreibung
die Zahl Drei
eine Drei schreiben
eine Drei im Zeugnis
ein Drittel
er wurde Dritter

Mit Zahl oder ausgeschrieben
dreijährig – 3-jährig
dreimal – 3-mal
am dritten
oder 3. Januar

dröh|nen
mir dröhnt der Kopf
drol|lig
drol|li|ger,
am drol|ligs|ten
Drops, der
auch: das Drops
die Drops
drü|ben
drü|ber (darüber)
drü|ber|fah|ren
dru|cken
sie druckt
der Dru|cker
drü|cken
der Schuh drückt
drü|ckend
es war sehr drückend (heiß)
drum (darum)
drun|ter (darunter)
Dschun|gel, der
die Dschun|gel
du
du kommst doch?
ducken
er duckt sich weg

Duft, der
die Düf|te
duf|ten, es duf|tet
dumm
düm|mer,
am dümms|ten
die Dumm|heit
Dü|ne, die
die Dü|nen

Dün|ger, der
dün|gen, er düngt
dun|kel
dunk|ler,
am dun|kels|ten
dun|kel|blau
die Dun|kel|heit
dünn
dün|ner,
am dünns|ten
Dunst, der
die Düns|te
duns|tig
durch
durch|dre|hen
durch|ein|an|der
Durch|fall, der
durch|le|sen
durch|schnei|den

durch|set|zen
sie setzt sich durch
durch|sich|tig
durch|strei|chen
dür|fen
sie darf, durf|te,
hat ge|durft
dürr
dür|rer, am dürrs|ten
Durst, der
durs|tig
durs|ti|ger,
am durs|tigs|ten

Du|sche, die
du|schen
du duschst, sie duscht
düs|ter
auch: dus|ter
es war düster (finster)
Dut|zend, das
dut|zend|fach
dut|zend|mal
Dy|na|mo, der
die Dy|na|mos
DVD
(*kurz für:* digital
versatile disc)
der DVD-Player

E/e

eben
ebe|nes Land
die Ebe|ne
eben
eben|falls
eben|so
eben|so schnell
Echo, das
die Echos
echt
ech|ter,
am ech|tes|ten
Ecke, die
die Ecken
eckig
egal
das ist ganz egal
ehe
eher,
am ehes|ten
noch ehe sie kam
Ehe, die
die Ehen
das Ehe|paar

A B C D E F G H I J K L M N O P Qu R S T U V W X Y Z

ehr|lich
ehr|li|cher,
am ehr|lichs|ten
die Ehr|lich|keit

Ei, das
die Ei|er

Ei|che, die
die Ei|chen

Ei|chel, die
die Ei|cheln

Eich|hörn|chen, das
die Eich|hörn|chen

Ei|dech|se, die
die Ei|dech|sen

eif|rig
eif|ri|ger,
am eif|rigs|ten

ei|gen

ei|gent|lich

Ei|gen|tum, das

Ei|le, die

ei|len
sie eilt davon

ei|lig
ei|li|ger, am ei|ligs|ten

Ei|mer, der
die Ei|mer

ein
ei|ne, ei|nem, ei|nen,
ei|ner, ei|nes

ein|an|der
sie mögen einander

Ein|bahn|stra|ße, die
die Ein|bahn|stra|ßen

ein|bre|chen → brechen
bei uns wurde eingebrochen

ein|fach
ein|fa|cher,
am ein|fachs|ten

ein|fal|len
es fällt mir ein,
fiel mir ein,
ist mir ein|ge|fal|len
der Ein|fall

ein|fü|gen

Ein|gang, der
die Ein|gän|ge

ein|ge|ben
sie gibt ein, gab ein,
hat ein|ge|ge|ben

ein|ge|schnappt
sie ist eingeschnappt (beleidigt)

ein/eins/Eins →
ei|nig
sie sind sich einig
die Ei|ni|gung
ei|ni|ge
ei|ni|ge Ma|le
ein|kau|fen
er kauft ein
der Ein|kauf,
die Ein|käu|fe
ein|la|den
du lädst ein,
er lädt ein, lud ein,
hat ein|ge|la|den
Ein|la|dung, die
die Ein|la|dun|gen
ein|log|gen
er loggt sich ein
ein|mal
auf ein|mal,
noch ein|mal
es war einmal
ein|ma|lig
Ein|mal|eins, das
ein|pa|cken
sie packt ein
einprägen
sich etwas einprägen
(gut merken)

Ein|rich|tung, die
die Ein|rich|tun|gen
sich ein|rich|ten
ein|sam
ein|sa|mer,
am ein|sams|ten
die Ein|sam|keit

→ **ein/eins/Eins**

Kleinschreibung
ein Jahr alt sein
ein mal eins
es ist halb eins

Großschreibung
die Zahl Eins
eine Eins schreiben
eine Eins im Zeugnis
lauter Einsen

Mit Zahl oder ausgeschrieben
einjährig – 1-jährig
einmal – 1-mal

ein|schla|fen
er schläft ein,
schlief ein,
ist ein|ge|schla|fen
ein|sper|ren
ein|tre|ten
sie tritt ein, trat ein,
ist ein|ge|tre|ten
der Ein|tritt
ein|ver|stan|den
Ein|weg|fla|sche, die
die Ein|weg|fla|schen
ein|wer|fen
sie wirft ein, warf ein,
hat ein|ge|wor|fen
Ein|zahl, die
ein|zeln
ein ein|zel|ner Baum
je|der Ein|zel|ne
ein|zie|hen
er zieht ein, zog ein,
ist ein|ge|zo|gen
ein|zig
ein einziger Mensch
sie war die Einzige von allen

Eis, das
ei|sig, ei|si|ger,
am ei|sigs|ten
eis|kalt, ei|sig kalt
Ei|sen, das
Ei|sen|bahn, die
die Ei|sen|bah|nen
ek|lig
auch: eke|lig
ekel|haft
der Ekel

Ele|fant, der
die Ele|fan|ten
ele|gant
Elek|tri|ker, der
die Elek|tri|ker
die Elek|tri|ke|rin
elek|trisch
Elek|tro|nik, die
elek|tro|nisch
Ele|ment, das
die Ele|men|te
elf/Elf →
Elf|chen, das
die Elf|chen
El|fe, die
die El|fen

El|len|bo|gen, der
die El|len|bo|gen
auch: der Ell|bo|gen
Els|ter, die
die Els|tern

El|tern, die
E-Mail, die
die E-Mails (*kurz für:* elektronische Post)
emp|fan|gen
sie emp|fängt, emp|fing, hat emp|fan|gen
der Emp|fang
emp|feh|len
du emp|fiehlst, sie emp|fiehlt, emp|fahl, hat emp|foh|len
die Emp|feh|lung
emp|fin|den
er emp|fin|det, emp|fand, hat emp|fun|den
emp|find|lich
En|de, das
am En|de
zu En|de sein
die En|dung
end|lich
end|gül|tig
Ener|gie, die
die Ener|gien

→ **elf/Elf**

Kleinschreibung
elf Jahre alt sein
elf mal zwei
es ist halb elf
elftens

Großschreibung
die Zahl Elf
die Elf der Schulmannschaft
der Elfmeter
er wurde Elfter

Mit Zahl oder ausgeschrieben
elfjährig – 11-jährig
elfmal – 11-mal
am elften *oder* 11. Januar

A B C D E F G H I J K L M N O P Qu R S T U V W X Y Z

eng
en|ger, am engs|ten
die En|ge

En|gel, der
die En|gel

En|kel, der
die En|ke|lin

ent|de|cken
sie ent|deckt
die Ent|de|ckung

En|te, die
die En|ten

ent|fer|nen
er ent|fernt sich
die Ent|fer|nung

ent|ge|gen
ent|ge|gen|kom|men

ent|hal|ten
es ent|hält, ent|hielt,
hat ent|hal|ten

ent|lang
ent|lang|ge|hen

ent|schei|den
sie ent|schei|det,
ent|schied, hat sich
ent|schie|den

ent|schul|di|gen
sie entschuldigt sich
die Ent|schul|di|gung

ent|setz|lich
ent|setz|li|cher,
am ent|setz|lichs|ten

ent|sor|gen
den Müll entsorgen

ent|ste|hen
es ent|steht,
ent|stand,
ist ent|stan|den

ent|täu|schen
sie hat ihn enttäuscht
er ist enttäuscht

ent|we|der
entweder ich oder du

ent|wi|ckeln
es ent|wi|ckelt sich
die Ent|wick|lung

ent|wi|schen
er ist mir entwischt
(entkommen)

ent|zwei
ent|zwei sein
ent|zwei|bre|chen

er
er ist ein Junge

Erb|se, die
die Erb|sen

Erd|bee|re, die

Er|de, die

Erd|nuss, die
die Erd|nüs|se

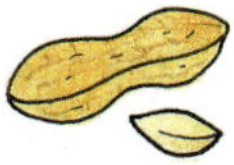

er|eig|nen
es ereignet sich etwas

Er|eig|nis, das
die Er|eig|nis|se

er|fah|ren
sie er|fährt,
sie er|fuhr,
hat er|fah|ren

Er|fah|rung, die
die Er|fah|run|gen

er|fin|den
sie er|fin|det, er|fand,
hat er|fun|den

Er|fin|dung, die

Er|folg, der
die Er|fol|ge
er|folg|reich

er|for|schen

er|frie|ren → frieren

er|fri|schen
sie erfrischt sich
im Wasser

er|gän|zen
er|gänzt
die Er|gän|zung

Er|geb|nis, das
die Er|geb|nis|se

er|hal|ten
sie er|hält, er|hielt,
hat er|hal|ten

er|ho|len
sie erholt sich
in den Ferien
die Er|ho|lung

er|in|nern
sie erinnert sich an ihn
die Er|in|ne|rung

er|käl|ten
sie erkältet sich
die Er|käl|tung

er|ken|nen
sie er|kennt, er|kann|te,
hat er|kannt

er|klä|ren
sie erklärt ihm alles

er|kun|di|gen
sie erkundigt sich nach
ihm

A B C D E F G H I J K L M N O P Qu R S T U V W X Y Z

er|lau|ben
sie er|laubt es
die Er|laub|nis
er|le|ben
sie erlebt etwas
das Er|leb|nis
er|le|di|gen
sie erledigt es
die Er|le|di|gung
er|mah|nen
sie ermahnt ihn
die Er|mah|nung
er|näh|ren
sie ernährt sich gesund
die Er|näh|rung
ernst
erns|ter,
am erns|tes|ten
ernst sein
es ernst meinen
im Ernst
ern|ten
sie ern|tet, die Ern|te
das Ern|te|dank|fest
er|schöpft
sie ist erschöpft (müde)
er|schre|cken
ich erschrecke ihn,
ich erschreckte ihn,
ich habe ihn erschreckt,
ich erschrak,
ich bin erschrocken
erst
erst jetzt
erste/Erste ➜
er|tap|pen
sie hat ihn ertappt
(erwischt)
er|trin|ken → trinken
Er|wach|se|ne, der
die Er|wach|se|nen
er|wach|sen sein
er|war|ten
sie erwartet etwas
er|wi|dern
sie erwidert (antwortet)
etwas
er|zäh|len
sie er|zählt
die Er|zäh|lung
Er|zeu|ger, der
die Er|zeu|ger

er|zie|hen
sie er|zieht, er|zog,
hat er|zo|gen
die Er|zie|hung

es
es ist schon spät

Esel, der
die Esel

Es|ki|mo, der
die Es|ki|mos

es|sen
sie isst, aß,
hat ge|ges|sen
das Es|sen

Eta|ge, die
die Eta|gen (Stockwerke)

Etui, das
die Etuis

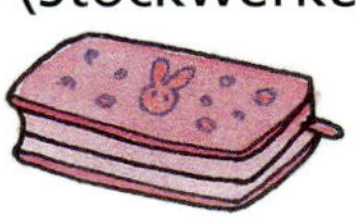

et|wa
etwa (ungefähr)
zwanzig Kinder

et|was
etwas Schönes

euch
eu|er, eu|re

Eu|le, die
die Eu|len

Eu|ro, der
die Eu|ros

Eu|ro|pa
eu|ro|pä|isch
die Eu|ro|pä|er

ewig
die Ewig|keit

Ex|pe|di|ti|on, die
die Ex|pe|di|ti|onen
(Forschungsreisen)

ex|tra

→ **erste/Erste**

Kleinschreibung
die erste Klasse
mein erstes Buch
erstens

Großschreibung
sie war als Erste im Ziel
der Erste des Monats
Erste Hilfe leisten
sie wurde Erste

Mit Zahl oder ausgeschrieben
am ersten Januar *oder*
am 1. Januar

F/f

Fa|bel, die
die Fa|beln
Fach, das
die Fä|cher
Fach|werk, das
Fa|ckel, die
die Fa|ckeln
Fa|den, der
die Fä|den
fä|hig
sie ist fähig (imstande)
Fah|ne, die
die Fah|nen
fah|ren
sie fährt, fuhr,
ist ge|fah|ren
der Fah|rer,
die Fah|re|rin
die Fahrt, die Fahr|ten
das Fahr|zeug
Fahr|rad, das
die Fahr|rä|der
sie fährt Rad
beim Rad|fah|ren
der Fahr|rad|helm

fair
(gerecht)
fai|rer, am fairs|ten
die Fair|ness
un|fair
Fall, der
die Fäl|le
fal|len
er fällt, fiel,
ist ge|fal|len
fäl|len
er fällt einen Baum
falsch
falsch schreiben
fal|ten
sie faltet das Papier
Fa|mi|lie, die
die Fa|mi|li|en
Fan, der
die Fans
er ist ein Fan (Anhänger) von Schalke 04
fand → finden
fan|gen
sie fängt, fing,
hat ge|fan|gen
der Fang, die Fän|ge

Fan|ta|sie, die
auch: die Phan|ta|sie
die Fan|ta|si|en
fan|ta|sie|ren
auch: phan|ta|sie|ren

Far|be, die
die Far|ben
far|big, far|bi|ger,
am far|bigs|ten
fär|ben
farb|lich

Fa|sching, der
Fass, das
die Fäs|ser
fas|sen
sie fasst ihn an
die Fas|sung
fast
sie waren fast (beinahe) pünktlich
fas|ten
sie fas|tet
die Fas|ten|zeit
Fast|nacht, die
fau|chen
die Katze faucht
faul
fau|ler, am fauls|ten
fau|len|zen
Faust, die
die Fäus|te
Fax, das
die Fa|xe
(*kurz für:* Te|le|fax)
fa|xen, er faxt
Fa|xen, die
sie macht Faxen (Unsinn)
Fe|bru|ar, der
auch: der Feb|ru|ar
Fe|der, die
die Fe|dern
die Fe|der|map|pe

Fee, die
die Feen
fe|en|haft
fe|gen
er fegt
feh|len
sie fehlt
Feh|ler, der
feh|ler|frei
feh|ler|haft

A B C D E F G H I J K L M N O P Qu R S T U V W X Y Z

Fei|er, die
die Fei|ern
der Fei|er|tag
fei|ern, sie fei|ert

fei|ge
fei|ger,
am feigs|ten
der Feig|ling

fein
fei|ner, am feins|ten

Feind, der
die Fein|de
feind|lich

Feld, das
die Fel|der

Fel|ge, die
die Fel|gen

Fell, das
die Fel|le

Fel|sen, der
die Fel|sen
fel|sig

Fens|ter, das
die Fens|ter

Fe|ri|en, die

Fer|kel, das
die Fer|kel

fern
fer|ner, am ferns|ten
die Fer|ne

fern|se|hen
er sieht fern,
sah fern,
hat fern|ge|se|hen
beim Fern|se|hen
der Fern|se|her

Fer|se, die
die Fer|sen

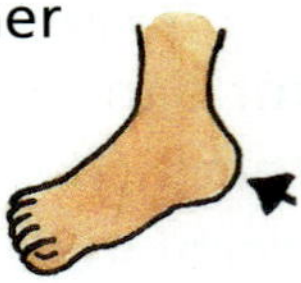

fer|tig
fer|tig wer|den

fest
fes|ter, am fes|tes|ten
fest|hal|ten
fest|ma|chen
fest|stel|len

Fest, das
die Fes|te, fest|lich

Fest|plat|te, die
die Fest|plat|ten

fett
fet|ter, am fet|tes|ten
das Fett, die Fet|te
fet|tig

feucht
feuch|ter,
am feuch|tes|ten
die Feuch|tig|keit

Feu|er, das,
die Feu|er
feu|ern, feu|rig
die Feu|er|wehr

Fi|bel, die
die Fi|beln

Fich|te, die
die Fich|ten

Fie|ber, das
das Fie|ber|ther|mo-
me|ter

fiel → fallen

fies
das schmeckt fies (eklig)

Fi|gur, die
die Fi|gu|ren

Film, der
die Fil|me
fil|men, sie filmt
der Film|star

Fil|ter, der
auch: das Fil|ter,
die Fil|ter

Filz|stift, der
die Filz|stif|te

fin|den
sie fin|det, fand,
hat ge|fun|den
der Fin|der, der Fund

fing → fangen

Fin|ger, der
die Fin|ger
der Fin|ger|na|gel

fins|ter
fins|te|rer,
am fins|ters|ten
die Fins|ter|nis

Fir|mung, die
der Firm|ling

Fisch, der
die Fi|sche
fi|schen
der Fi|scher

fit
fit|ter, am fit|tes|ten
die Fit|ness

fix
fi|xer, am fi|xes|ten
er ist fix und fertig

flach
fla|cher, am flachs|ten

A B C D E F G H I J K L M N O P Qu R S T U V W X Y Z

Flä|che, die
flä|chig
das Flach|land
Fla|den, der
die Fla|den
das Fla|den|brot
Flag|ge, die
die Flag|gen
Flam|me, die
die Flam|men
Fla|sche, die
die Fla|schen
flat|tern
der Vogel flattert
flechten
sie flicht, flocht,
hat ge|floch|ten
sie flicht ihre Zöpfe
Fleck, der
die Fle|cke
auch: die Fle|cken
fle|ckig
Fleisch, das
flei|schig
Fleiß, der
flei|ßig, flei|ßi|ger,
am flei|ßigs|ten
fli|cken
sie flickt
Flie|der, der
Flie|ge, die

die Flie|gen
flie|gen
er fliegt, flog,
ist ge|flo|gen
flie|hen
sie flieht, floh,
ist ge|flo|hen
flie|ßen
es fließt, floss,
ist ge|flos|sen
flink
flin|ker, am flin|kes|ten
flit|zen
er flitzt
Flo|cke, die
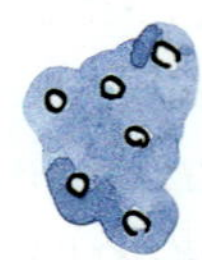
die Flo|cken
flo|ckig
flog → fliegen
floh → flie|hen
Floh, der
die Flö|he
floss → fließen
Floß, das

die Flö|ße
Flos|se, die
die Flos|sen

Flö|te, die
die Flö|ten
flö|ten, er flö|tet
flott
flot|ter, am flot|tes|ten
flu|chen
er flucht, fluch|te,
hat ge|flucht
flüch|ten
die Flucht
der Flücht|ling
Flug, der
die Flü|ge
der Flug|ha|fen
das Flug|zeug
Flü|gel, der
die Flü|gel
flun|kern
flunkere (schwindle) nicht!
Flur, der
die Flu|re
Fluss, der
die Flüs|se
flüs|sig
flüs|si|ger,
am flüs|sigs|ten
die Flüs|sig|keit

flüs|tern
sie flüs|tert
Flut, die
die Flu|ten

Foh|len, das
die Foh|len
Föhn, der
die Föh|ne, föh|nen
fol|gen
er folgt
Fon|tä|ne, die
die Fon|tä|nen
for|dern
sie for|dert
die For|de|rung
för|dern
der För|der|un|ter|richt
for|men
sie formt
for|schen
sie forscht
der For|scher,
die For|sche|rin
Förs|ter, der
die Förs|ter
fort
fort sein
fort|ge|hen

A B C D E **F** G H I J K L M N O P Qu R S T U V W X Y Z

Fo|to, das
die Fo|tos
fo|to|gra|fie|ren,
er fo|to|gra|fiert
der Fo|to|graf,
die Fo|to|gra|fin

fo|to|ko|pie|ren
die Fo|to|ko|pie
der Fo|to|ko|pie|rer

fra|gen
sie fragt
die Fra|ge
der Fra|ge|satz
das Fra|ge|zei|chen

Frank|reich
fran|zö|sisch
die Fran|zo|sen

fraß → fressen

Frat|ze, die
die Frat|zen

Frau, die
die Frau|en

frech
fre|cher, am frechs|ten

frei
frei|er, am frei|es|ten
frei sein, frei|ha|ben
frei|hän|dig

Freitag/freitags →
der Frei|tag,
die Frei|ta|ge
frei|tags

Frei|zeit, die

fremd
fremd sein
der Frem|de,
die Frem|den
in der Frem|de

fres|sen
er frisst, fraß,
hat ge|fres|sen
das Fres|sen

Freu|de, die
die Freu|den
freu|dig

freu|en
sie freut sich

Freund, der
die Freun|de,
die Freun|din,
die Freun|din|nen
freund|lich
die Freund|schaft

Frie|den, der
friedllich,
fried|li|cher,
am fried|lichs|ten
frie|ren
sie friert, fror,
hat ge|fro|ren
der Boden ist gefroren
Fri|ka|del|le, die
die Fri|ka|del|len
frisch
fri|scher,
am frischs|ten
oder: am fri|sches|ten
fri|sie|ren
er fri|siert
der Fri|seur,
die Fri|seu|rin
die Fri|sur
froh
fro|her,
am fro|hes|ten
froh sein
fröh|lich
fröh|li|cher,
am fröh|lichs|ten
die Fröh|lich|keit
fromm
die Fröm|mig|keit
fror → frieren
Frosch, der
die Frö|sche

Frost, der
die Frös|te
fros|tig, fros|ti|ger,
am fros|tigs|ten
Frucht, die
die Früch|te
frucht|bar

→ **Freitag/freitags**

Großschreibung
der Freitag
am Freitag
jeden Freitag
am Freitagmittag

Kleinschreibung
freitags
freitagmittags

früh
frü|her,
am frü|hes|ten
morgen früh

Früh|ling, der
das Früh|jahr

Früh|stück, das
früh|stü|cken

Frust, der
frus|triert
sie ist frustriert
(enttäuscht)

Fuchs, der
die Füch|se

füh|len
sie fühlt

fuhr → fahren

füh|ren
sie führt
die Füh|rung

fül|len
sie füllt

Fül|ler, der
der Füll|fe|der|hal|ter

fünf/Fünf →
fünf|zehn, fünf|zig,
fünf|hun|dert

Funk, der
der Rund|funk
fun|ken, sie funkt

Fun|ke, der
auch: der Fun|ken
die Funken des Feuers

funk|tio|nie|ren
es funk|tio|niert

für
für|ein|an|der

Furcht, die
furcht|bar, furcht|ba|rer,
am furcht|bars|ten

fürch|ten
sie fürchtet sich

fürch|ter|lich

Fuß, der
die Fü|ße
zu Fuß ge|hen
die Fuß|gän|ger

Fuß|ball, der
die Fuß|bäl|le

Fut|ter, das
fut|tern, er fut|tert
füt|tern, sie füt|tert
die Füt|te|rung

Fu|tur, das
(Zukunftsform)

G/g

gab → geben

Ga|bel, die
die Ga|beln

ga|ckern
das Huhn gackert

gaf|fen
er gafft

gäh|nen
sie gähnt vor Müdigkeit

ga|lop|pie|ren
das Pferd galoppiert
der Ga|lopp

Game|boy, der
(elektronisches Spielgerät)

Gang, der
die Gän|ge

Gans, die
die Gän|se
das Gän|se|blüm|chen

ganz
ganz und gar
die ganze Familie
das Gan|ze
die Ganz|tags|schu|le

gar
gar kein Ärger
gar nicht
gar nichts

gar
gar ko|chen, gar sein

→ **fünf/Fünf**

Kleinschreibung
fünf Jahre alt sein
fünf mal zwei
es ist halb fünf
fünftens

Großschreibung
die Zahl Fünf
eine Fünf schreiben
zwei Fünfen im Zeugnis
er wurde Fünfter

Mit Zahl oder ausgeschrieben
fünfjährig – 5-jährig
fünfmal – 5-mal
am fünften *oder* 5. Mai

Ga|ra|ge, die
die Ga|ra|gen
Gar|di|ne, die
die Gar|di|nen
Garn, das
die Gar|ne

Gar|ten, der
die Gär|ten
der Gärt|ner,
die Gärt|ne|rin
Gas, das
die Ga|se
das Gas|pe|dal
Gas|se, die
die Gas|sen
Gast, der
die Gäs|te
das Gast|haus
Gaul, der
die Gäu|le
Gau|men, der
die Gau|men
Ge|bäck, das
Ge|bäu|de, das
die Ge|bäu|de
ge|ben
du gibst, er gibt, gab,
hat ge|ge|ben
Ge|bet, das
die Ge|be|te
ge|be|ten → bitten
Ge|bir|ge, das
die Ge|bir|ge
ge|bir|gig
Ge|biss, das
die Ge|bis|se
ge|bis|sen → beißen
ge|blie|ben → bleiben
ge|bo|gen → biegen
ge|bo|ren
Ge|bot, das
die Ge|bo|te
ge|bracht → bringen
ge|brannt
→ brennen
ge|brau|chen
sie ge|braucht
der Ge|brauch
ge|bro|chen → brechen
ge|bun|den → binden
Ge|burt, die
die Ge|bur|ten

Ge|burts|tag, der
die Ge|burts|ta|ge
ge|dacht → denken
Ge|dächt|nis, das

Ge|dan|ke, der
die Ge|dan|ken
Ge|dicht, das
die Ge|dich|te
Ge|drän|ge, das
im Flur war ein großes Gedränge
Ge|duld, die
ge|dul|dig
ge|eig|net
ge|eig|ne|ter,
am ge|eig|nets|ten
Ge|fahr, die
die Ge|fah|ren
ge|fähr|lich
ge|fähr|li|cher,
am ge|fähr|lichs|ten
ge|fal|len
sie ge|fällt, ge|fiel,
hat ge|fal|len
ge|flo|gen → fliegen
ge|flo|hen → fliehen
ge|flos|sen → fließen
ge|frie|ren
es ge|friert, ge|fror,
ist ge|fro|ren
Ge|fühl, das
die Ge|füh|le

ge|fun|den → finden
ge|gan|gen → gehen
ge|gen
er ist gegen mich
gegen Abend
Ge|gend, die
die Ge|gen|den
ge|gen|sei|tig
Ge|gen|teil, das
ge|gen|über
Ge|gen|ver|kehr, der
ge|ges|sen → essen
ge|gos|sen → gießen
ge|han|gen → hängen
ge|hängt → hängen
ge|heim
ge|hei|mer,
am ge|heims|ten
Ge|heim|nis, das
die Ge|heim|nis|se
ge|hen
sie geht, ging,
ist ge|gan|gen
spa|zie|ren ge|hen
ge|heu|er
mir ist das nicht geheuer (unheimlich)

Ge|hirn, das
die Ge|hir|ne
die Ge|hirn|er|schüt|te|rung
ge|ho|ben → heben
ge|hol|fen → helfen
Ge|hör, das
ge|hö|ren
es gehört mir
ge|hor|chen
er ge|horcht
Ge|hor|sam, der
ge|hor|sam sein
Geh|weg, der
die Geh|we|ge
Gei|ge, die
die Gei|gen
gei|gen, Geige spielen

Geist, der
die Geis|ter
gei|zig
gei|zi|ger,
am gei|zigs|ten
der Geiz
ge|kannt → kennen
ge|klun|gen → klingen
ge|kriegt → kriegen
ge|kro|chen → kriechen
Ge|län|der, das
die Ge|län|der

ge|launt
sie ist gut gelaunt
ge|lau|fen → laufen
gelb/Gelb →
mein gel|bes T-Shirt

Geld, das
die Gel|der
der Geld|schein
das Geld|stück
ge|le|gen → liegen
Ge|le|gen|heit, die
die Ge|le|gen|hei|ten
Ge|lenk, das
die Ge|len|ke
ge|lie|hen → leihen
ge|lin|gen
es ge|lingt, ge|lang,
ist ge|lun|gen
ge|lo|gen → lügen
gel|ten
es gilt, galt,
hat ge|gol|ten
die Gel|tung
ge|mein
ge|mei|ner,
am ge|meins|ten
die Ge|mein|heit
Ge|mein|de, die
die Ge|mein|den

ge|mein|sam
die Ge|mein|sam|keit
ge|mocht → mögen
Ge|mü|se, das

ge|müt|lich
ge|müt|li|cher,
am ge|müt|lichs|ten
ge|nannt → nennen
so|ge|nannt,
auch: so ge|nannt
ge|nau
ge|nau|er,
am ge|nau|es|ten
ge|nau nehmen
ge|nau|so gut
etwas Ge|nau|es
ge|nie|ßen
sie ge|nießt, ge|noss,
hat ge|nos|sen
Ge|ni|tiv, der
Wesfall
ge|nom|men → nehmen
ge|nug
ge|nug ha|ben
genügend Zeit haben
Ge|nuss, der
das Essen war ein Genuss
Ge|päck, das
der Ge|päck|trä|ger
ge|pfif|fen → pfeifen
ge|ra|de
auch: gra|de
ge|ra|de|aus, un|ge|ra|de
gerade sitzen
ge|rannt → rennen
Ge|rät, das
die Ge|rä|te

→ **gelb/Gelb**

Kleinschreibung
mein Pulli ist gelb
mein gelber Pulli
gelb gestreift,
auch: gelbgestreift
hellgelb, gelbgrün
etwas gelb anmalen

Großschreibung
die Farbe Gelb
das Gelb der Zitrone
ein strahlendes Gelb
die Ampel steht auf Gelb

A B C D E F G H I J K L M N O P Qu R S T U V W X Y Z

Ge|räusch, das
die Ge|räu|sche
ge|recht
ge|rech|ter,
am ge|rech|tes|ten
Ge|rech|tig|keit, die
ge|rie|ben → reiben
ge|ring
ge|rin|ger,
am ge|rings|ten
ge|rin|gelt
ge|ris|sen → reißen
ge|rit|ten → reiten
gern
sie hat ihn gern
ge|ro|chen → riechen
Ge|ruch, der
die Ge|rü|che
ge|run|gen → ringen
ge|samt
die gesamte Familie
ins|ge|samt
ge|sandt → senden
Ge|sang, der
die Ge|sän|ge
Ge|schäft, das
die Ge|schäf|te

ge|sche|hen
es ge|schieht,
ge|schah,
ist ge|sche|hen
das Ge|sche|hen
ge|scheit
ge|schei|ter,
am ge|schei|tes|ten
sie ist sehr gescheit (klug)
Ge|schenk, das
die Ge|schen|ke
Ge|schich|te, die
die Ge|schich|ten
ge|schickt
er ist sehr geschickt
ge|schie|den → scheiden
ge|schie|nen → scheinen
Ge|schirr, das
Ge|schlecht, das
die Ge|schlech|ter
ge|schli|chen → schleichen
ge|schlos|sen → schließen
ge|schlun|gen
→ schlingen
Ge|schmack, der
ge|schmack|voll
ge|schmis|sen
→ schmeißen

ge|schmol|zen
→ schmelzen
ge|schnit|ten → schneiden
ge|scho|ben → schieben
ge|schos|sen → schießen
Ge|schrei, das
ge|schrie|ben → schreiben
ge|schrien → schreien
ge|schwie|gen
→ schweigen
Ge|schwin|dig|keit, die
die Ge|schwin|dig|kei|ten
ge|schwind
Ge|schwis|ter, die

ge|schwom|men
→ schwimmen
ge|ses|sen → sitzen
Ge|setz, das
die Ge|set|ze
ge|setz|lich
Ge|sicht, das
die Ge|sich|ter
Ge|spenst, das
die Ge|spens|ter

ge|spon|nen → spinnen
Ge|spräch, das
die Ge|sprä|che
ge|sprä|chig
ge|spro|chen → sprechen
ge|sprun|gen → springen
ge|stan|den → stehen
Ge|stank, der
ges|tern
gestern Abend
seit ges|tern
der ges|tri|ge Tag
ge|stie|gen → steigen
ge|sto|chen → stechen
ge|stoh|len → stehlen
ge|stor|ben → sterben
ge|streift
ge|stri|chen → streichen
ge|strit|ten → streiten
Ge|strüpp, das

ge|stun|ken → stinken
ge|sund
ge|sün|der,
am ge|sün|des|ten
Ge|sund|heit, die
ge|sun|gen → singen
ge|sun|ken → sinken
ge|tan → tun
Ge|tränk, das
die Ge|trän|ke
ge|trau|en
sie ge|traut sich

Ge|trei|de, das

ge|trennt
getrennt schreiben
ge|trof|fen → treffen
ge|trun|ken → trinken
ge|tupft
Ge|wächs, das
die Ge|wäch|se
das Ge|wächs|haus
Ge|walt, die
die Ge|wal|ten
ge|wal|tig
Ge|wäs|ser, das
die Ge|wäs|ser
ge|we|sen → sein
Ge|wicht, das
die Ge|wich|te
ge|win|nen
sie ge|winnt,
ge|wann,
hat ge|won|nen
der Ge|winn
ge|wiss
Ge|wis|sen, das
ge|wis|sen|haft
Ge|wit|ter, das
die Ge|wit|ter
ge|wo|gen → wiegen
ge|wöh|nen
sich ge|wöh|nen
er hat sich an die
Arbeit gewöhnt
ge|won|nen → gewinnen
ge|wor|den → werden
ge|wor|fen → werfen
ge|wun|ken
auch:
ge|winkt → winken
Ge|würz, das
die Ge|wür|ze
ge|wusst → wissen
ge|zo|gen → ziehen
ge|zwun|gen → zwingen
gibt → geben
gie|rig
gie|ri|ger,
am gie|rigs|ten
gie|ßen
es gießt, goss,
hat ge|gos|sen
Gieß|kan|ne, die
Gift, das
gif|tig
gif|ti|ger, am gif|tigs|ten
ging → gehen

Gips, der
sie hat einen Gips-verband
Gi|raf|fe, die
die Gi|raf|fen
Gi|tar|re, die
die Gi|tar|ren

Git|ter, das
die Git|ter
glän|zen
es glänzt
glän|zend
der Glanz
Glas, das
die Glä|ser
glä|sern

glatt
glat|ter/glät|ter,
am glat|tes|ten/
am glät|tes|ten
die Glät|te
das Glatt|eis
Glat|ze, die
die Glat|zen
glau|ben
sie glaubt
sie ist gläu|big
der Glau|be

gleich
gleich|alt|rig
gleich groß
das Glei|che
gleich|zei|tig
Gleis, das
die Glei|se
glei|ten
er glei|tet, glitt,
ist aus|ge|glit|ten
(ausgerutscht)
Glied, das
die Glie|der
glit|schig
glit|schi|ger,
am glit|schigs|ten
glit|zern
die Sterne glitzern
Glo|bus, der
die Glo|bus|se
auch: die Glo|ben

Glo|cke, die
die Glo|cken
glot|zen
er glotzt
er glotzt mich mit großen Augen an
Glück, das
Glück ha|ben

glück|lich
glück|li|cher,
am glück|lichs|ten
glü|hen
es glüht
die Glüh|lam|pe
das Glüh|würm|chen
Glut, die
die Glu|ten
die Glut ist heiß
gnä|dig
die Gna|de
Gold, das
gol|den, gol|dig
der Gold|hams|ter
Go|ril|la, der
die Go|ril|las

goss → gießen
Gott, der
die Göt|ter,
die Göt|tin
gött|lich
Grab, das
die Grä|ber
gra|ben
sie gräbt, grub,
hat ge|gra|ben
der Gra|ben
die Grä|ben
Grad, der
es ist 20 Grad warm
gra|de
auch: ge|ra|de
Grape|fruit, die
die Grape|fruits
Gras, das
die Grä|ser
der Gras|halm
gra|sen
gräss|lich
gräss|li|cher,
am gräss|lichs|ten
gra|tu|lie|ren
er gra|tu|liert
die Gra|tu|la|ti|on
grau/Grau →
mein grau|es T-Shirt
gräu|lich

grau|en
mir graut vor der Arbeit
(Angst haben)
grau|en|voll
das Grau|en
grau|sam
die Grau|sam|keit

grei|fen
er greift, griff,
hat ge|grif|fen
grell
grel|les Licht
grell|rot
Gren|ze, die
die Gren|zen
Grie|chen|land
grie|chisch
die Grie|chen
Grieß, der
der Grieß|brei
Griff, der
die Grif|fe
Grill, der
die Grills
gril|len, er grillt
Gri|mas|se, die
die Gri|mas|sen
grin|sen
sie grinst (lacht) ihn an
Grip|pe, die
grob
grö|ber, am gröbs|ten
grö|len
die Kinder grölen (schreien)
groß
grö|ßer, am größ|ten
die großen Ferien
die Grö|ße, die Gro|ßen
Groß|bri|tan|ni|en
bri|tisch, die Bri|ten
Groß|el|tern, die
grub
→ graben
Gru|be, die
die Gru|ben

→ **grau/Grau**

Kleinschreibung
mein Rock ist grau
mein grauer Rock
grau gestreift,
auch: graugestreift
grauhaarig
hellgrau
etwas grau anmalen

Großschreibung
die Farbe Grau
das Grau ihres Haares
ein helles Grau

A B C D E F G H I J K L M N O P Qu R S T U V W X Y Z

grün/Grün →
mein grü|nes T-Shirt

Grund, der
die Grün|de

gründ|lich
gründ|li|cher,
am gründ|lichs|ten

Grup|pe, die
die Grup|pen

gru|seln
er gru|selt sich
gru|se|lig

grü|ßen
er grüßt, grüß|te,
hat ge|grüßt
der Gruß, die Grü|ße
die Gruß|kar|te

gu|cken
er guckt

Gu|lasch, der
auch: das Gu|lasch

gül|tig
die Gül|tig|keit

Gum|mi, der
auch: das Gum|mi,
die Gum|mis
die Gum|mi|stie|fel

Gur|ke, die
die Gur|ken

Gür|tel, der
die Gür|tel

gut
bes|ser, am bes|ten
gut ge|meint
alles Gute

gü|tig
die Gü|te

Gym|na|si|um, das
die Gym|na|si|en

→ **grün/Grün**

Kleinschreibung
mein Pulli ist grün
mein grüner Pulli
grün gestreift,
auch: grüngestreift
hellgrün
dunkelgrün
etwas grün anmalen

Großschreibung
die Farbe Grün
das Grün des Waldes
ein leuchtendes Grün
die Ampel steht auf
Grün

H/h

Haar, das
die Haa|re
ha|ben
ich ha|be, du hast,
sie hat, hat|te,
hat ge|habt
ha|cken
er hackt
die Ha|cke
Ha|fen, der
die Hä|fen
Ha|fer|flo|cken, die
Ha|ge|but|te, die
die Ha|ge|but|ten

Ha|gel, der
ha|geln
es ha|gelt
Hahn, der
die Häh|ne
das Hähn|chen

Hai|fisch, der
die Hai|fi|sche

hä|keln
er hä|kelt
Ha|ken, der
die Ha|ken
das Häk|chen
halb
halb vier, halb voll
eine hal|be Stun|de
es ist halb vier
half → helfen
Hälf|te, die
die Hälf|ten
Half|ter, das
auch: der Half|ter,
die Half|ter
das Pfer|de|half|ter

Hal|le, die
die Hal|len
hal|lo
Halm, der
die Hal|me
Hal|ma, das
sie spielen Halma
Hals, der
die Häl|se
das Hals|tuch

hal|ten
du hältst, er hält, hielt,
hat ge|hal|ten
die Hal|te|stel|le
der Halt

Ham|mer, der
die Häm|mer
häm|mern

Ham|pel|mann, der
die Ham|pel|män|ner

Hams|ter, der
die Hams|ter

Hand, die
die Hän|de
die Hand|schrift
der Hand|schuh

han|deln
er han|delt
die Hand|lung
der Händ|ler,
die Händ|le|rin

Han|dy, das
die Han|dys

Hang, der
die Hän|ge

hän|gen
sie hängt,
sie häng|te,
sie hat ge|hängt
sie hängte das Bild an die Wand
es hängt,
es hing,
es hat ge|han|gen
das Bild hing an der Wand

Hap|pen, der
die Hap|pen
sie hat noch keinen Happen gegessen

Hard|ware, die

Har|ke, die
die Har|ken
har|ken
sie harkt

hart
här|ter, am här|tes|ten
hart gekochte (auch: hartgekochte) Eier
hart|nä|ckig

Ha|se, der
die Ha|sen
das Häs|chen

Ha|sel|maus, die
die Ha|sel|mäu|se
Ha|sel|nuss, die
die Ha|sel|nüs|se

has|sen
er hasst
der Hass, häss|lich
hast → haben
hat → haben
hatte → haben
hät|te → haben
ich hätte gern ein Brot
hau|en
sie haut, hau|te,
hat ge|hau|en
Hau|fen, der
die Hau|fen
häu|fig
häu|fi|ger,
am häu|figs|ten
die Häu|fig|keit
Haupt, das
die Häup|ter
der Häupt|ling
die Haupt|stadt
die Haupt|sa|che
haupt|säch|lich

Haus, das
die Häu|ser
die Haus|auf|ga|be
der Haus|meis|ter
das Haus|tier
nach Hau|se
zu Hau|se
Haut, die
die Häu|te
he|ben
du hebst, sie hebt, hob,
hat ge|ho|ben
He|cke, die
die He|cken
die He|cken|ro|se

Heft, das
die Hef|te
hef|tig
hef|ti|ger,
am hef|tigs|ten
es hat heftig (stark) geregnet
Heft|pflas|ter, das
hei|len
es heilt

A B C D E F G H I J K L M N O P Qu R S T U V W X Y Z

hei|lig
der hei|li|ge Ni|ko|laus
die hei|li|ge Kom|mu|nion
der Hei|li|ge Abend
die Heiligen Drei Könige

Hei|lung, die

heim
heim|kom|men
das Heim, die Hei|me
das Heim|weh

Hei|mat, die
der Hei|mat|ort

heim|lich
heim|li|cher, am heim|lichs|ten

hei|ra|ten
er hei|ra|tet, ist ver|hei|ra|tet
die Hei|rat

heiser
sie ist heiser (erkältet)

heiß
hei|ßer, am hei|ßes|ten

hei|ßen
du heißt, er heißt, hieß, hat ge|hei|ßen

hei|ter
hei|te|rer, am hei|ters|ten
die Hei|ter|keit

hei|zen
er heizt
die Hei|zung

Held, der
die Hel|den

hel|fen
sie hilft, half, hat ge|hol|fen
die Hel|fer

hell
hel|ler, am hells|ten
hell er|leuch|tet
hell|blau

Helm, der
die Hel|me
der Fahr|rad|helm

Hemd, das
die Hem|den

Hengst, der
die Hengs|te

Hen|kel, der
die Hen|kel

Hen|ne, die
die Hen|nen

her
her|kom|men

he|rab
he|rab|fal|len

he|ran
he|ran|kom|men

he|rauf
he|rauf|stei|gen

he|raus
he|raus|kom|men

her|bei

Herbst, der
die Herbst|fe|ri|en
herbst|lich

Herd, der
die Her|de
der Gas|herd

Her|de, die
die Her|den
die Schaf|her|de

he|rein
he|rein|kom|men

He|ring, der
die He|rin|ge

her|kom|men
sie kommt her, kam her,
ist her|ge|kom|men

Herr, der
die Her|ren

herr|lich

her|stel|len
sie stellt her
die Her|stel|lung

he|rü|ber
he|rü|ber|schau|en

he|rum
he|rum|lau|fen

he|run|ter
he|run|ter|fah|ren
he|run|ter|fal|len
he|run|ter|la|den

her|vor
her|vor|ho|len

Herz, das
die Her|zen
herz|lich, herz|li|cher,
am herz|lichs|ten
herzliche Grüße

het|zen
er hetzt, ist ab|ge|hetzt

Heu, das

A B C D E F G **H** I J K L M N O P Qu R S T U V W X Y Z

A B C D E F G H I J K L M N O P Qu R S T U V W X Y Z

heu|len
er heult
das Ge|heul
es ist zum Heulen
heu|te
heu|te Mor|gen
He|xe, die
die He|xen

hielt → halten
hier
hier|her
hier|blei|ben
hier sein
hieß → heißen
Hil|fe, die
die Hil|fen
Ers|te Hil|fe
hel|fen, hilft
Him|bee|re, die
die Him|bee|ren

Him|mel, der
die Him|mel
die Him|mels|rich|tung
him|mel|blau, himm|lisch
hin
hin und her
hi|nab
hi|nab|ge|hen
hi|nauf
hi|nauf|ge|hen
hi|naus
hi|naus|ge|hen
Hin|der|nis, das
die Hin|der|nis|se
hi|nein
hi|nein|ge|hen
hin|fal|len
sie fällt hin,
fiel hin, ist hin|ge|fal|len
hin|ken
er hinkt mit seinem verletzten Bein
hin|ten
hin|ter
hinter dem Haus
hin|ter|her
hin|ter|her|lau|fen
Hin|tern, der
die Hin|tern
hi|nü|ber
hi|nü|ber|ge|hen
hi|nun|ter
hi|nun|ter|fal|len
hin|zu
hin|zu|kom|men

Hirsch, der
die Hir|sche

Hir|te, der
die Hir|ten
Hit, der
die Hits, die Hit|pa|ra|de
Hit|ze, die
er|hitzt, hit|zig
hob → heben
Hob|by, das
die Hob|bys
hoch
hö|her, am höchs|ten
hoch oben
ein ho|her Berg
das Hoch|haus
das Hoch|was|ser
höchs|tens
er ist höchstens 10 Jahre alt
Hoch|zeit, die
die Hoch|zei|ten
ho|cken
er hockt
die Ho|cke, der Ho|cker
Ho|ckey, das
Hof, der
die Hö|fe
der Schul|hof
hof|fen
sie hofft
die Hoff|nung
hof|fent|lich
höf|lich
höf|li|cher,
am höf|lichs|ten
Hö|he, die
die Hö|hen
hohl
die Höh|le
aus|höh|len
Ho|kus|po|kus, der
er macht Hokuspokus (Zauberkunststücke)
ho|len
sie holt, hol|te,
hat ge|holt
Hol|land
hol|län|disch
die Hol|län|der
Höl|le, die
höl|lisch
hol|pern
holp|rig

Holz, das
die Höl|zer
Home|page, die
die Home|pa|ges
Ho|nig, der
ho|nig|süß
hop|peln
das Kaninchen hoppelt
hop|sen
er hopst
hor|chen
du horchst, sie horcht
Hor|de, die
die Hor|den
hö|ren
sie hört
der Hö|rer, die Hö|re|rin
Horn, das
die Hör|ner
Hort, der
die Hor|te
Ho|se, die
die Ho|sen
Ho|sen|trä|ger, der
Hot|dog, der
die Hot|dogs
auch: Hot Dog

Ho|tel, das
die Ho|tels
hübsch
hüb|scher,
am hüb|sches|ten
hübsch aussehen
Hub|schrau|ber, der
die Hub|schrau|ber
hu|cke|pack
jemanden auf dem Rücken huckepack tragen
Huf, der
die Hu|fe
das Huf|ei|sen
Hü|gel, der
die Hü|gel

Huhn, das
die Hüh|ner
Hül|le, die
die Hül|len

Hum|mel, die
die Hum|meln
Hu|mor, der
sie lacht, sie hat Humor
hum|peln
er hum|pelt

Hund, der
die Hun|de
das Hünd|chen

hundert/Hundert →
Hun|ger, der
Hun|ger ha|ben
sie hun|gern, er hun|gert
hung|rig sein
Hu|pe, die
die Hu|pen
hu|pen, er hupt
hüp|fen
sie hüpft

hus|ten
sie hus|tet
der Hus|ten
sie hat Husten
Hut, der
die Hü|te
hü|ten
hü|tet, be|hü|ten
Hüt|te, die
die Hüt|ten

I/i

ich
Icon, das
die Icons
Idee, die
die Ide|en
Idi|ot, der
die Idi|oten
Igel, der
die Igel
Ig|lu, das
auch: der Ig|lu,
die Ig|lus

→ **hundert/Hundert**

Kleinschreibung
bis hundert zählen
Tempo hundert
hundert Tiere

Großschreibung
die Zahl Hundert
ein Hunderter

A B C D E F G H I J K L M N O P Qu R S T U V W X Y Z

ihm
ich schenke ihm etwas
ihn
ich sehe ihn
ih|nen
wir helfen ihnen
ihr
ih|re, ih|rem, ih|ren,
ih|rer, ih|res
Ihr (Anrede)

Liebe Frau Weber,
Ihr Päckchen habe ich
bekommen

im
im (in dem) Haus sein
im|mer
im|mer wie|der
im|mer|zu
imp|fen
er ist ge|impft
die Imp|fung
in
ich gehe in den Garten
in
das ist in (modern)
In|di|aner, der
die In|di|aner
die In|di|ane|rin
der In|di|aner|stamm
in|di|anisch
In|di|en
in|disch, die In|der
In|dus|trie, die
die In|dus|tri|en
In|for|ma|ti|on, die
(Auskunft, Nachricht)
die In|for|ma|ti|o|nen
die In|for|ma|ti|ker
In|ge|ni|eur, der
die In|ge|ni|eu|re,
die In|ge|ni|eu|rin
In|halt, der
die In|hal|te
das In|halts|ver|zeich|nis
In|li|ner, die
die In|line|ska|ter
in|nen
in|ner|halb
in|ner|lich
ins
ins (in das) Haus gehen
In|sekt, das
die In|sek|ten

In|sel, die
die In|seln

ins|ge|samt

In|stru|ment, das
die In|stru|men|te

in|tel|li|gent
sie ist sehr intelligent (klug)

in|te|res|sant
das In|te|res|se
in|te|res|sie|ren

In|ter|net, das

In|ter|view, das
(Befragung)
die In|ter|views
in|ter|vie|wen,
sie interviewt einige Kinder
er führte ein Interview (eine Befragung) durch

in|zwi|schen

ir|gend
ir|gend|ein
ir|gend|et|was
ir|gend|je|mand
ir|gend|wann
ir|gend|was
ir|gend|wer
ir|gend|wie
ir|gend|wo

ir|ren
sie irrt sich

Irr|tum, der
die Irr|tü|mer

isst → essen
er isst Kuchen

ist → sein
sie ist krank

Ita|li|en
ita|li|enisch
die Ita|li|ener

A B C D E F G H I J K L M N O P Qu R S T U V W X Y Z

J/j

ja
Ja sa|gen
auch: ja sagen

Jacht, die
die Jach|ten
auch: die Yacht,
die Yach|ten

Ja|cke, die
die Ja|cken
das Ja|ckett

Jagd, die

ja|gen
er jagt

Jä|ger, der
die Jä|ger

Jahr, das
die Jah|re
die Jah|res|zeit
jah|re|lang
ein Jahr lang

jam|mern
er jam|mert
der Jam|mer
jäm|mer|lich

Ja|nu|ar, der

jau|len
der Hund jault

je
je früher, desto besser

Jeans, die

je|de
je|der, je|dem, je|den,
je|des
je|de von euch
je|des Mal

je|den|falls

je|doch

je|mals

je|mand
je|man|dem,
je|man|den

jetzt

je|weils

jo|deln
er jo|delt

jog|gen
sie joggt

Jo|ghurt, der
auch: der Jo|gurt

Jo|han|nis|bee|re, die
die Jo|han|nis|bee|ren

Jo-Jo, das
die Jo-Jos
auch: das Yo-Yo,
die Yo-Yos

Jo|ker, der
die Jo|ker
Joy|stick, der
die Joy|sticks
Ju|bel, der
ju|beln, sie ju|belt
ju|cken
es juckt

Ju|do, das
Ju|gend, die
ju|gend|lich
Ju|li, der
jung
jün|ger, am jüngs|ten
Jun|ge, der
die Jun|gen
auch: die Jungs
bei Tieren: das Jun|ge,
die Jun|gen

Ju|ni, der

K/k

Ka|bel, das
die Ka|bel
Ka|bi|ne, die
die Ka|bi|nen
Ka|chel, die
die Ka|cheln
Kä|fer, der
die Kä|fer
Kaf|fee, der
Kä|fig, der
die Kä|fi|ge
kahl
kah|ler, am kahls|ten
Kahn, der
die Käh|ne
Kai|ser, der
die Kai|ser,
die Kai|se|rin
Ka|jak, der
die Ka|jaks

Ka|kao, der
Kak|tus, der
die Kak|teen

Kalb, das
die Käl|ber
das Kälb|chen

A B C D E F G H I J K L M N O P Qu R S T U V W X Y Z

Ka|len|der, der
die Ka|len|der

kalt
käl|ter, am käl|tes|ten
die Käl|te, sich er|käl|ten

kam → können

Ka|mel, das
die Ka|me|le

Ka|me|ra, die
die Ka|me|ras

Ka|mil|le, die
der Ka|mil|len|tee

Ka|min, der
die Ka|mi|ne

Kamm, der
die Käm|me

käm|men
sie kämmt sich

Kam|mer, die
die Kam|mern

Kampf, der
die Kämp|fe
kämp|fen, kämpft

Ka|nal, der
die Ka|nä|le
die Ka|na|li|sa|ti|on

Kan|dis, der
der Kan|dis|zu|cker

Kän|gu|ru, das
die Kän|gu|rus

Ka|nin|chen, das
die Ka|nin|chen

kann → können

Kan|ne, die
die Kan|nen

kann|te → kennen

Ka|non, der
die Ka|nons
wir singen einen Kanon

Ka|nu, das
die Ka|nus

Ka|pel|le, die
die Ka|pel|len
(Kirche, Musikgruppe)

ka|pie|ren
sie kapiert (versteht) es

Ka|pi|tän, der
die Ka|pi|tä|ne

Ka|pi|tel, das
die Ka|pi|tel

Kap|pe, die
die Kap|pen

ka|putt
sie wollen sich kaputtlachen
er soll das nicht kaputt machen

Ka|pu|ze, die
die Ka|pu|zen
ka|riert
mein blau kariertes Hemd

Ka|ri|es, die
(Zahnkrankheit)
Kar|ne|val, der
Ka|rot|te, die
die Ka|rot|ten

Kar|te, die
die Kar|ten
Kar|tei, die
die Kar|tei|en
Kar|tof|fel, die
die Kar|tof|feln
die Kar|tof|fel|chips

Kar|ton, der
die Kar|tons
Ka|rus|sell, das
die Ka|rus|sells
auch: die Ka|rus|sel|le
Kä|se, der
Kas|per, der
die Kas|per
das Kas|per|le
das Kas|per|le|the|ater

Kas|se, die
die Kas|sen
kas|sie|ren, kas|siert
Kas|set|te, die
die Kas|set|ten
der Kas|set|ten|re|kor|der
auch:
der Cas|set|ten|re|cor|der
Kas|ta|nie, die
die Kas|ta|ni|en

Kas|ten, der
die Käs|ten
Ka|ter, der
die Ka|ter
Kat|ze, die
die Kat|zen
das Kätz|chen

kau|en
sie kaut
kau|fen
er kauft
der Kauf, die Käu|fer
die Kauf|frau,
der Kauf|mann
Kau|gum|mi, der
auch: das Kau|gum|mi,
die Kau|gum|mi(s)

Kaul|quap|pe, die
die Kaul|quap|pen

kaum
das ist kaum zu glauben

Kauz, der
die Käu|ze
das Käuz|chen

Ke|gel, der
die Ke|gel
ke|geln, sie ke|gelt
die Ke|gel|bahn

keh|ren
er kehrt

kei|men
es keimt
der Keim, die Kei|me

kein
kei|ne, kei|ner, kei|nes,
kei|nem, kei|nen
ich habe keinen Hunger

Keks, der
die Kek|se

Kel|le, die
die Kel|len

Kel|ler, der
die Kel|ler

ken|nen
sie kennt, kann|te,
hat ge|kannt
sich ken|nen|ler|nen

Kerl, der
die Ker|le

Kern, der
die Ker|ne

Ker|ze, die
die Ker|zen

Kes|sel, der
die Kes|sel

Ket|chup, der *oder* das
auch: das Ket|schup

Ket|te, die
die Ket|ten

keu|chen
er keucht

Keuch|hus|ten, der

Keu|le, die
die Keu|len

Key|board, das
die Key|boards

ki|chern
sie ki|chert

Kick|board, das
die Kick|boards

ki|cken
er kickt
der Ki|cker
Kie|fer, der
(Körperteil)
Kie|fer, die
die Kie|fern (Baum)

Kie|sel|stein, der
die Kie|sel|stei|ne
Ki|lo, das
die Ki|los
Ki|lo|byte (KB)
Ki|lo|gramm (kg)
Ki|lo|me|ter (km)
Ki|lo|watt (kW)
Kind, das
die Kin|der
der Kin|der|gar|ten
kind|lich
Kinn, das
die Kin|ne
Ki|no, das
die Ki|nos
Kiosk, der
die Kios|ke
kip|pen
er kippt
Kir|che, die
die Kir|chen
kirch|lich
der Kirch|turm
Kir|sche, die
die Kir|schen

Kis|sen, das
die Kis|sen
Kis|te, die
die Kis|ten
kit|zeln
es kit|zelt
kitz|lig
Klacks, der
das war nur ein Klacks
kläf|fen
er kläfft
der Kläf|fer
kla|gen
sie klagt
die Kla|ge
Kla|mauk, der
(Ulk, Krach)
Klam|mer, die
die Klam|mern
sich klam|mern
Kla|mot|ten, die
(Kleidungsstücke)

Klang, der
die Klän|ge
klang → klingen
Klap|pe, die
die Klap|pen
klap|pen
es klappt morgen
klap|pern
es klappert laut
klar
kla|rer, am klars|ten
Klas|se, die
die Klas|sen
der Klas|sen|leh|rer,
die Klas|sen|leh|re|rin
der Klas|sen|raum
das ist klasse (toll)
klat|schen
sie klatscht in die Hände
klau|en
er klaut (stiehlt) Äpfel
Kla|vier, das
die Kla|vie|re
kle|ben
es klebt
der Kle|ber, kleb|rig
kle|ckern
das Baby kleckert

Klecks, der
die Kleck|se
kleck|sen
er kleckst
Klee, der
das Klee|blatt,
die Klee|blät|ter

Kleid, das
die Klei|der
die Klei|dung
sich klei|den
klein
klei|ner, am kleins|ten
die Klei|nen
klem|men
es klemmt
die Klem|me
klet|tern
sie klet|tert
Klick, der
die Klicks
kli|cken, er klickt
an|kli|cken
der Dop|pel|klick
Kli|ma, das
kli|ma|tisch

klin|geln
es klin|gelt
die Klin|gel
klin|gen
es klingt, klang,
hat ge|klun|gen
der Klang
Kli|nik, die
(Krankenhaus)
die Kin|der|kli|nik
Klin|ke, die
die Klin|ken
die Tür|klin|ke
klir|ren
die Scheibe klirrt
Klo, das
die Klos
klop|fen
es klopft
an|klop|fen
Klops, der
die Klop|se
Kloß, der
die Klö|ße
Klotz, der
die Klöt|ze
das Klötz|chen

klug
klü|ger, am klügs|ten
die Klug|heit
knab|bern
er knab|bert
kna|cken
es knackt
der Knacks
knal|len
es knallt, der Knall
knapp
knap|per,
am knapps|ten
er ist knapp (fast)
10 Jahre alt
knar|ren
es knarrt
knat|tern
es knat|tert
Knäu|el, das
die Knäu|el

knei|fen
sie kneift
kne|ten
er kne|tet
die Kne|te

kni|cken
sie knickt das Papier
ab|kni|cken
der Knick

Knie, das
die Knie
knien, er kniet

Kniff, der
die Knif|fe
knif|fen, kniff|lig

knip|sen
er knipst

knir|schen
mit den Zähnen knir-schen

knis|tern
es knis|tert

Knö|chel, der
die Knö|chel

Kno|chen, der
die Kno|chen
kno|chig

Knö|del, der
die Knö|del

Knol|le, die
die Knol|len

Knopf, der
die Knöp|fe
knöp|fen, sie knöpft

Knos|pe, die
die Knos|pen

Kno|ten, der
die Kno|ten
kno|ten, er kno|tet

knuf|fen
er knufft sie

knül|len
sie zerknüllt das Papier

knüp|fen
er knüpft

knur|ren
der Hund knurrt

knus|prig
knus|pri|ger,
am knus|prigs|ten

Ko|bold, der
die Ko|bol|de

ko|chen
sie kocht,
der Koch, die Kö|chin,
die Kö|che

Kof|fer, der
die Kof|fer

Kohl, der
der Kohl|ra|bi
der Rot|kohl

Koh|le, die
die Koh|len
Ko|met, der
die Ko|me|ten

ko|misch
ko|mi|scher,
am ko|mischs|ten
Kom|ma, das
die Kom|mas
kom|men
er kommt, kam,
ist ge|kom|men
Kom|mu|ni|on, die
Kom|pass, der
die Kom|pas|se
kom|pli|ziert
das ist kompliziert (sehr schwierig)
Kom|post, der
Kom|pott, das
Kon|fet|ti, das

Kon|fir|ma|ti|on, die
kon|fir|mie|ren
Kö|nig, der
die Kö|ni|gin,
die Kö|ni|ge

kön|nen
sie kann, konn|te,
hat ge|konnt,
sie könn|te
Kon|so|nant, der (Mitlaut)
die Kon|so|nan|ten
kon|zen|trie|ren
sie kann sich nicht konzentrieren (nicht aufmerksam sein)
Kon|zert, das
die Kon|zer|te
Kopf, der
die Köp|fe
die Kopf|schmer|zen
kopf|rech|nen
kopf|ste|hen
Ko|pie, die
die Ko|pi|en
ko|pie|ren,
er ko|piert
Korb, der
die Kör|be
Kor|del, die
die Kor|deln
Kor|ken, der
die Kor|ken

Korn, das
die Kör|ner
Kör|per, der
die Kör|per
kör|per|lich
Kor|rek|tur, die
die Kor|rek|tu|ren
sie korrigiert (berichtigt) ihre Fehler
kos|ten
das kostet viel Geld
er kostet (probiert) die Marmelade
köst|lich
köst|li|cher,
am köst|lichs|ten
Kos|tüm, das
die Kos|tü|me

Ko|te|lett, das
die Ko|te|letts
krab|beln
der Käfer krabbelt
Krach, der
die Krä|che
kra|chen, es kracht
kräch|zen
der Rabe krächzt
Kraft, die
die Kräf|te
kräf|tig
kräf|tig, kräf|ti|ger,
am kräf|tigs|ten
Kra|gen, der
die Kra|gen
Krä|he, die
die Krä|hen

krä|hen
der Hahn kräht
Kral|le, die
die Kral|len
Kram, der
kra|men, er kramt
Kran, der
die Krä|ne
krank
krän|ker, am kränks|ten
krank sein
kränk|lich
der Kran|ke
das Kran|ken|haus
die Krank|heit
Kranz, der
die Krän|ze
Krap|fen, der
die Krap|fen

krat|zen
es kratzt im Hals
der Krat|zer
krau|len
er krault

kraus
sie hat krause (lockige) Haare
Kraut, das
die Kräu|ter
Krei|de, die
die Krei|den
Kreis, der
die Krei|se
der Krei|sel
Krem(e), die
auch: die Creme
Krepp|pa|pier, das
Kreuz, das
die Kreu|ze
Kreu|zung, die
kreu|zen, kreuzt
krib|beln
es kribbelt mir im Bauch
krie|chen
er kriecht, kroch,
ist ge|kro|chen
Krieg, der
die Krie|ge
krie|gen
er kriegt, krieg|te,
hat ge|kriegt
er kriegte es mit der Angst
Kri|mi, der
die Kri|mis
Krin|gel, der
die Krin|gel
sich krin|geln
ge|krin|gelt
Krip|pe, die
die Krip|pen
das Krip|pen|spiel
krit|zeln
sie krit|zelt
die Krit|ze|lei
kroch → kriechen

Kro|ko|dil, das
die Kro|ko|di|le
Kro|kus, der
die Kro|kus|se

Kro|ne, die
die Kro|nen
Krö|te, die
die Krö|ten
die Krö|ten|wan|de|rung

Krug, der
die Krü|ge
krumm
krum|mer,
am krumms|ten
Kü|che, die
die Kü|chen
der Kü|chen|tisch
Ku|chen, der
die Ku|chen
Ku|ckuck, der
die Ku|cku|cke

Ku|gel, die
die Ku|geln
das Kü|gel|chen
der Ku|gel|schrei|ber
Kuh, die
die Kü|he
kühl
küh|ler, am kühls|ten
küh|len, kühlt
der Kühl|schrank
Kü|ken, das
die Kü|ken
Ku|li, der
die Ku|lis
Ku|lis|se, die
die Ku|lis|sen
Kum|mer, der
küm|mern
die Mutter kümmert sich um mich (sorgt für mich)
Kun|de, der
die Kun|den,
die Kun|din
Kunst, die
die Küns|te
das Kunst|stück
künst|lich
Kür|bis, der
die Kür|bis|se

Kurs, der
der Kur|sus
die Kur|se
sie nimmt an einem Skikurs teil
Kur|ve, die
die Kur|ven
kur|vig
kurz
kür|zer, am kür|zes|ten
vor Kur|zem, kürz|lich
ku|scheln
er ku|schelt
ku|sche|lig
das Ku|schel|tier

Ku|si|ne, die
die Ku|si|nen
auch: die Cou|si|ne
Kuss, der
die Küs|se
küs|sen, er küsst

Küs|te, die
die Küs|ten

L/l

lä|cheln
sie lä|chelt
das Lä|cheln
lä|cher|lich
la|chen
sie lacht
das La|chen
das ist zum Lachen
la|den
ich la|de, du lädst,
er lädt, lud,
hat ge|la|den
er lädt sie ein
La|den, der
die Lä|den
lädt ein → einladen
lag → liegen
La|ge, die
die La|gen
in der Lage sein
La|ger, das
die La|ger
lahm
lah|men
das Pferd lahmt

A B C D E F G H I J K **L** M N O P Qu R S T U V W X Y Z

La|krit|ze, die

Lamm, das
die Läm|mer

Lam|pe, die
die Lam|pen

Land, das
die Län|der
die Land|schaft

lan|den
er lan|det
die Lan|dung

lang
län|ger,
am längs|ten
die Län|ge

lan|gen
es langt (reicht) mir jetzt!

lang|sam
lang|sa|mer,
am lang|sams|ten

längst
sie hat längst genug

lang|wei|lig
lang|wei|li|ger,
am lang|wei|ligs|ten
die Lan|ge|wei|le

Lap|pen, der
die Lap|pen

Lap|top, der
die Lap|tops

Lärm, der
lär|men, es lärmt

las → lesen

las|sen
du lässt, sie lässt, ließ,
hat ge|las|sen
du lässt mich in Ruhe!

läs|sig
läs|si|ger, am läs|sigs|ten
nach|läs|sig

Last, die
die Las|ten

Last|kraft|wa|gen, der
die Last|kraft|wa|gen
der Las|ter

La|ter|ne, die
die La|ter|nen

Lat|te, die
die Lat|ten

lau
lau|warm

Laub, das
der Laub|baum,
die Laub|bäu|me
der Laub|wald
be|laubt

Lau|be, die
die Lau|ben
die Gar|ten|lau|be
lau|ern
er lau|ert
er liegt auf der Lauer
lau|fen
er läuft, lief,
ist ge|lau|fen
der Lauf
der Läu|fer, die Läu|fe|rin
Lau|ne, die
die Lau|nen
lau|nisch
ich habe gute Laune
Laus, die
die Läu|se
laut
lau|ter, am lau|tes|ten
der Laut|spre|cher
Laut, der
die Lau|te
läu|ten
es läu|tet, läu|te|te,
hat ge|läu|tet
La|wi|ne, die
die La|wi|nen
Le|ben, das
die Le|ben
das Le|bens|mit|tel
le|ben, sie lebt
le|ben|dig
Le|ber, die
die Le|bern
die Le|ber|wurst
Leb|ku|chen, der
die Leb|ku|chen
le|cken
sie leckt
le|cker
le|cke|rer,
am le|ckers|ten
Le|cker|bis|sen, der
Le|der, das
die Le|der|ho|se
leer
lee|ren, er leert
die Leer|tas|te
le|gen
sie legt, leg|te,
hat ge|legt
sie legte das Buch auf den Tisch

Le|gen|de, die
die Le|gen|den
Leg|gings, die
auch: die Leg|gins
Lehm, der
leh|nen
sie lehnt sich an
die Leh|ne
leh|ren
er lehrt
der Leh|rer, die Leh|rer
die Leh|re|rin,
die Leh|re|rin|nen
Leib, der
die Lei|ber
Lei|che, die
die Lei|chen
leicht
leich|ter,
am leich|tes|ten
leicht|sin|nig
Leicht|ath|le|tik, die
die Leicht|ath|le|ten
Leid, das
die Lei|den
lei|den, sie lei|det, litt,
hat ge|lit|ten
es tut mir leid
lei|der
ich habe leider keine Zeit
lei|hen
er leiht, lieh,
hat ge|lie|hen
leihst du mir dein Buch?
Lei|ne, die
die Lei|nen
den Hund anleinen
lei|se
lei|ser, am lei|ses|ten
Leis|te, die
die Leis|ten
leis|ten
sie leis|tet
die Leis|tung
lei|ten
er lei|tet
der Lei|ter,
die Lei|te|rin
die Lei|tung
Lei|ter, die
die Lei|tern
Lei|tung, die
die Lei|tun|gen
das Lei|tungs|netz

len|ken
er lenkt
der Len|ker
das Lenk|rad
die Lenk|stan|ge

Leo|pard, der
die Leo|par|den

Le|po|rel|lo, das
die Le|po|rel|los

Ler|che, die
die Ler|chen

ler|nen
sie lernt, lern|te,
hat ge|lernt

le|sen
er liest, las,
hat ge|le|sen
das Le|se|buch
le|ser|lich

letzte/Letzte ➜

leuch|ten
es leuch|tet
der Leuch|ter
der Leucht|turm

Leu|te, die

Le|xi|kon, das
die Le|xi|ka

Li|bel|le, die
die Li|bel|len

Licht, das
die Lich|ter

Lid, das
die Li|der
das Au|gen|lid

lieb
lie|ber, am liebs|ten

Lie|be, die
lie|ben, liebt
er ist verliebt

Lied, das
die Lie|der
das Lie|der|buch

➜ **letzte/Letzte**

Kleinschreibung
das letzte Mal
letztes Mal
zum letzten Mal
der letzte Patient

Großschreibung
sie wurde Letzte
er kam als Letzter

A B C D E F G H I J K **L** M N O P Qu R S T U V W X Y Z

lief → laufen

lie|fern
sie lie|fert
die Lie|fe|rung

lie|gen
sie liegt, lag,
hat ge|le|gen
die Lie|ge
das Buch lag auf dem Tisch

lieh → leihen

ließ → lassen

liest → lesen

li|la
ein li|la Pul|li
das Li|la meines Pullis

Li|mo|na|de, die
die Li|mo|na|den

Lin|de, die
die Lin|den

Li|ne|al, das
die Li|ne|ale
die Li|ne|atur

Li|nie, die
die Li|ni|en

Link, der
die Links

links
mit links, von links
die linke Hand

Lip|pe, die
die Lip|pen

Lis|te, die
die Lis|ten

Li|ter, der
auch: das Li|ter,
die Li|ter (*kurz:* l)

Li|te|ra|tur, die
(Dichtung)

litt → leiden

LKW *kurz für:*
Last|kraft|wa|gen

live
die Live|sen|dung

Lob, das
lo|ben, sie lobt

Loch, das
die Lö|cher
lo|chen, er locht

Lo|cke, die
die Lo|cken

lo|cken
er lockt den Hund heran

lo|cker
sie lässt nicht locker
(gibt nicht nach)
Löf|fel, der
die Löf|fel
löf|feln, sie löf|felt
log → lügen
lo|gisch
das ist doch logisch (klar)
Lohn, der
die Löh|ne
sich loh|nen
Lo|ko|mo|ti|ve, die
die Lo|ko|mo|ti|ven
kurz: die Loks
Lol|li, der
die Lol|lis
los
hier ist nichts los
Los, das
die Lo|se
lo|sen, sie lost
lo|se
lo|ser, am lo|ses|ten
lö|schen
du löschst,
er löscht
das Lösch|blatt
lö|sen
er löst
die Lö|sung
los|las|sen
sie lässt los, ließ los,
hat los|ge|las|sen
Lö|we, der
die Lö|wen

Lö|wen|zahn, der
Lü|cke, die
die Lü|cken
Luft, die
die Lüf|te
der Luft|bal|lon
die Luft|pum|pe
die Lüf|tung, lüf|ten
lü|gen
er lügt, log,
hat ge|lo|gen
die Lü|ge
Lun|ge, die
die Lun|gen
Lu|pe, die
die Lu|pen
Lust, die
ich habe keine Lust

A B C D E F G H I J K L M N O P Qu R S T U V W X Y Z

lus|tig
lus|ti|ger,
am lus|tigs|ten
lut|schen
du lutschst,
er lutscht
der Lut|scher
Lu|xus, der
das ist Luxus
(nicht unbedingt nötig)

M/m

ma|chen
du machst, sie macht,
mach|te, hat ge|macht
Macht, die
die Mäch|te
mäch|tig
mäch|ti|ger,
am mäch|tigs|ten
Mäd|chen, das
die Mäd|chen

mag → mögen
Ma|gen, der
die Mä|gen
auch: die Ma|gen
ma|ger
ma|ge|rer,
am ma|gers|ten
Mag|net, der
die Mag|ne|ten
mag|ne|tisch
mä|hen
sie mäht
der Mäh|dre|scher
Mahl, das
die Mahl|zeit

mah|len
er mahlt, mahl|te,
hat ge|mah|len
der Kaffee wird gemahlen
aber: *ein Bild malen*

Mäh|ne, die
die Mäh|nen

mah|nen
sie mahnt,
mahn|te,
hat ge|mahnt
die Er|mah|nung

Mai, der
der Mai|baum
das Mai|glöck|chen

mai|len
mailt → E-Mail

Mais, der

Mak|ka|ro|ni, die

mal/Mal →

ma|len
sie malt, mal|te,
hat ge|malt
der Ma|ler, die Ma|ler,
die Ma|le|rin
sie hat ein Bild gemalt
aber: *Kaffee mahlen*

Ma|ma, die
die Ma|mas

Mam|mut, das
die Mam|mu|te
auch: die Mam|muts

mamp|fen
er mampft

man
das tut man nicht

→ **mal/Mal**

Kleinschreibung
auf einmal
diesmal
einmal
noch einmal
malnehmen

Großschreibung
jedes Mal
das erste Mal
zum ersten Mal
dieses Mal
viele Male
ein paar Mal
auch: paarmal

A B C D E F G H I J K L **M** N O P Qu R S T U V W X Y Z

manch
man|che, man|cher,
man|ches, manch|mal,
man|ches Mal

Man|da|ri|ne, die
die Man|da|ri|nen

Man|del, die
die Man|deln

Man|gel, der
die Män|gel
man|gel|haft

Mann, der
die Män|ner
die Mann|schaft
männ|lich

Man|tel, der
die Män|tel

Map|pe, die
die Map|pen

Mär|chen, das
die Mär|chen
das Mär|chen|buch
mär|chen|haft

Mar|ga|ri|ne, die

Mar|ge|ri|te, die
die Mar|ge|ri|ten

Ma|ri|en|kä|fer, der
die Ma|ri|en|kä|fer

Mar|ke, die
die Mar|ken

Mar|ker, der

mar|kie|ren

Markt, der
die Märk|te

Mar|me|la|de, die
die Mar|me|la|den
die Erd|beer|mar|me|la|de

mar|schie|ren
am Morgen
marschierten wir los

März, der

Mar|zi|pan, das

Ma|sche, die
die Ma|schen

Ma|schi|ne, die
die Ma|schi|nen

Ma|sern, die

Mas|ke, die
die Mas|ken
mas|kie|ren

maß → messen

Maß, das
die Ma|ße
Maß nehmen
der Maß|stab

Mas|se, die
die Mas|sen

Mast, der
die Mas|ten
Ma|te|ri|al, das
die Ma|te|ri|ali|en
Ma|the|ma|tik, die
ma|the|ma|tisch
Ma|trat|ze, die
die Ma|trat|zen
Matsch, der
mat|schen
matt
mat|ter, am mat|tes|ten
die Mat|tig|keit
er war matt (erschöpft) vom Training
Mat|te, die
die Mat|ten
Mau|er, die
die Mau|ern
Maul, das
die Mäu|ler
Maul|wurf, der
die Maul|wür|fe
Maus, die
die Mäu|se
das Mäus|chen
das Maus|pad
auch: das Mouse|pad

me|ckern
sie me|ckert
Me|dail|le, die
die Me|dail|len
Me|di|en, die
Me|di|ka|ment, das
die Me|di|ka|men|te
Me|di|zin, die
Meer, das
die Mee|re
Meer|schwein|chen, das
die Meer|schwein|chen
Me|ga|byte, das
(*kurz:* MB)
Mehl, das
meh|lig
mehr
ich habe keine Zeit mehr
mein
mei|ne, mei|nem,
mei|nen, mei|ner,
mei|nes
mei|nen
er meint das nicht so
Mei|nung, die
die Mei|nun|gen
Mei|se, die
die Mei|sen

meist
am meis|ten
das meis|te
meis|tens
Meis|ter, der
die Meis|ter,
die Meis|te|rin
mel|den
er meldet sich
die Mel|dung
mel|ken
er melkt
die Kuh wird gemolken
Me|lo|die, die
die Me|lo|di|en
Me|lo|ne, die
die Me|lo|nen

Me|mo|ry, das
die Me|mo|rys
Men|ge, die
die Men|gen
Mensch, der
die Men|schen
die Mensch|heit
mensch|lich
mer|ken
sie merkt es sich
merk|wür|dig
Mes|se, die
die Mes|sen
mes|sen
sie misst, maß,
hat ge|mes|sen
Mes|ser, das
die Mes|ser
Me|tall, das
die Me|tal|le
me|tal|lisch
Me|ter, der
die Me|ter (*kurz:* m)
Metz|ger, der
die Metz|ger (Fleischer)
mi|au|en
die Katze miaut
mich
Mie|ne, die
(Gesichtsausdruck),
die Mie|nen
er macht eine böse Miene

mies
mie|ser,
am mie|ses|ten
er hat miese (schlechte) Laune
Mie|te, die
die Mie|ten
die Mie|ter
Mik|ro|fon, das
die Mik|ro|fo|ne
Mik|ro|skop, das
die Mik|ro|sko|pe
Milch, die
mild
mil|der, am mil|des|ten
es ist mildes (warmes) Wetter
Mil|li|me|ter, der
die Mil|li|me|ter
(*kurz:* mm)
Mil|li|on, die
die Mil|li|o|nen
min|des|tens
Mi|ne, die
die Mi|nen
die Ku|gel|schrei|ber|mi|ne
mi|nus (weniger)
das Mi|nus|zei|chen
Mi|nu|te, die
die Mi|nu|ten
mir
mi|schen
du mischst, sie mischt
die Mi|schung
Mist, der
der Mist|hau|fen
mit
mit|ar|bei|ten
mit|ein|an|der
sie spielen miteinander
mit|fah|ren
er fährt mit, fuhr mit,
ist mit|ge|fah|ren
mit|kom|men
sie kommt mit, kam mit,
ist mit|ge|kom|men
Mit|leid, das
mit|lei|dig
mit|ma|chen
Mit|schü|ler, der
die Mit|schü|ler,
die Mit|schü|le|rin

Mittag/mittags →
der Mit|tag,
die Mit|ta|ge
mit|tags

Mit|te, die
mit|ten, mit|ten|drin

mit|tei|len
sie teilt mit

Mit|tei|lung, die
die Mit|tei|lun|gen

Mit|tel, das
die Mit|tel

Mit|ter|nacht, die
die Mit|ter|näch|te
mit|ter|nächt|lich

Mittwoch/mittwochs →
der Mitt|woch,
die Mitt|wo|che
mitt|wochs

mi|xen
sie mixt
der Mi|xer

Mö|bel, das
die Mö|bel

möch|te → mö|gen

Mo|de, die
die Mo|den
die Mo|den|schau

Mo|del, das
die Mo|dels

Mo|dell, das
die Mo|del|le
die Mo|dell|ei|sen|bahn

Mo|dem, das
die Mo|dems

mo|dern
mo|der|ner,
am mo|derns|ten

mo|geln
er mo|gelt
die Mo|ge|lei

→ **Mittag/mittags**

Großschreibung
am Mittag
heute Mittag
der Dienstagmittag

Kleinschreibung
mittags
dienstagmittags

mö|gen
ich mag, du magst,
er mag, moch|te,
möch|te,
hat ge|mocht
ich mag das nicht
ich möchte mitspielen
mög|lich
mög|lichst
al|les Mög|li|che
die Mög|lich|keit
Mohn, der
Möh|re, die
die Möh|ren
Mohr|rü|be, die
die Mohr|rü|ben

mol|lig
es ist mollig warm
er ist etwas mollig
(rundlich)
Mo|ment, der
die Mo|men|te
einen Moment, bitte!
Mo|nat, der
die Mo|na|te
mo|na|te|lang
mo|nat|lich
Mond, der
die Mon|de
Mo|ni|tor, der
die Mo|ni|to|re
auch: die Mo|ni|to|ren
Mons|ter, das
die Mons|ter

➜ **Mittwoch/mittwochs**

Großschreibung
der Mittwoch
am Mittwoch
jeden Mittwoch
der Mittwochmittag

Kleinschreibung
mittwochs
mittwochmittags

A B C D E F G H I J K L **M** N O P Qu R S T U V W X Y Z

Montag/montags →
der Mon|tag,
die Mon|ta|ge
mon|tags

Mon|ta|ge, die
die Mon|ta|gen
mon|tie|ren, mon|tiert
der Mon|teur

Moor, das
die Moo|re

Moos, das
die Moo|se
moos|grün

Mord, der
die Mor|de
der Mör|der

mor|gen
mor|gen Abend
bis mor|gen
der mor|gi|ge Tag
ich komme morgen

Morgen/morgens →
der Mor|gen,
die Mor|gen
mor|gens

Mos|lem, der → Muslim

Mo|tor, der
die Mo|to|ren

mot|zen
er motzt

Moun|tain|bike, das
die Moun|tain|bikes

Mouse|pad, das
auch: das Maus|pad,
die Mouse|pads

Mö|we, die
die Mö|wen

Mü|cke, die
die Mü|cken

mü|de
mü|der, am mü|des|ten
die Mü|dig|keit

→ **Montag/montags**

Großschreibung
der Montag
am Montag
jeden Montag
der Montagabend

Kleinschreibung
montags
montagmittags
montagabends

Mü|he, die
die Mü|hen
sich mü|hen
mü|he|los
müh|sam
Müh|le, die
die Müh|len
Müll, der
die Müll|de|po|nie
die Müll|ton|ne
Mül|ler, der
die Mül|ler,
die Mül|le|rin
Mund, der
die Mün|der
münd|lich
Mün|dung, die
die Mün|dun|gen
mün|den
mun|ter
mun|te|rer,
am mun|ters|ten
Mün|ze, die
die Mün|zen
Mur|mel, die
die Mur|meln

mur|meln
sie murmelt etwas vor sich hin (spricht undeutlich)
Mur|mel|tier, das
die Mur|mel|tie|re

mur|ren
sie murrt
mür|risch
Mus, das
das Ap|fel|mus
Mu|schel, die
die Mu|scheln

Mu|se|um, das
die Mu|se|en

→ **Morgen/morgens**

Großschreibung
am Morgen
eines Morgens
heute Morgen
der Dienstagmorgen
guten Morgen

Kleinschreibung
morgens
dienstagmorgens
morgens und abends

A B C D E F G H I J K L M N O P Qu R S T U V W X Y Z

Mu|si|cal, das
die Mu|si|cals
Mu|sik, die
der Mu|si|kant
die Mu|sik|grup|pe
mu|si|zie|ren, mu|si|ziert
Mus|kel, der
die Mus|keln
mus|ku|lös
Müs|li, das
Muslim, der
die Mus|li|me,
die Mus|li|ma
(Anhänger des Islams)
müs|sen
du musst,
sie muss, muss|te,
hat ge|musst
Mus|ter, das
die Mus|ter
Mut, der
mu|tig, mu|ti|ger,
am mu|tigs|ten
Mut|ter, die
die Müt|ter
müt|ter|lich
Müt|ze, die
die Müt|zen

N/n

na
na ja! na und?
Na|be, die
die Na|ben
Na|bel, der
die Na|bel
der Bauch|na|bel
nach
ich fahre nach Köln
nach|ah|men
er ahmt etwas nach
die Nach|ah|mung
Nach|bar, der
die Nach|barn,
die Nach|ba|rin
nach|dem
nachdem ich gegessen hatte, ging ich spielen
nach|den|ken
er denkt nach,
dach|te nach,
hat nach|ge|dacht
nach|denk|lich
nach|ein|an|der
sie kommen nacheinander

nach Hau|se
auch: nach|hau|se
der Nach|hau|se|weg
nach|her
Nach|hil|fe, die
der Nach|hil|fe-un|ter|richt
nach|ho|len
sie holt nach
Nachmittag/nachmittags →
der Nach|mit|tag,
die Nach|mit|ta|ge
nach|mit|tags
Nach|na|me, der
die Nach|na|men
mein Nachname (Familienname) ist Müller
Nach|richt, die
die Nach|rich|ten
nach|schla|gen
er schlägt nach,
schlug nach,
hat nach|ge|schla|gen
im Wörterbuch nachschlagen
nächste/Nächste →

→ **Nachmittag/nachmittags**

Großschreibung
am Nachmittag
eines Nachmittags
heute Nachmittag
am Dienstagnachmittag

Kleinschreibung
nachmittags
dienstagnachmittags

→ **nächste/Nächste**

Kleinschreibung
das nächste Mal
nächstes Mal
der nächste Tag
die nächste Zeit

Großschreibung
wer ist der Nächste
die Nächste

A B C D E F G H I J K L M N O P Qu R S T U V W X Y Z

Nacht/nachts →
die Nacht,
die Näch|te
nachts

Na|cken, der
die Na|cken

nackt

Na|del, die
die Na|deln
der Na|del|baum,
die Na|del|bäu|me
na|deln, er na|delt

Na|gel, der
die Nä|gel
na|geln, sie na|gelt

na|gen
es nagt
das Na|ge|tier

nah
auch: na|he
nä|her, am nächs|ten
die Nä|he

nä|hen
er näht, die Naht
die Näh|ma|schi|ne

nahm → nehmen

näh|ren
das Tier nährt seine Jungen
er|näh|ren

Nah|rung, die
die Nah|rungs|mit|tel
nahr|haft

Na|me, der
die Na|men
der Na|mens|tag

näm|lich

nann|te → nennen

Napf, der
die Näp|fe

Nar|be, die
die Nar|ben

Nar|ko|se, die
die Nar|ko|sen

na|schen
er nascht

Na|se, die
die Na|sen

Nas|horn, das
die Nas|hör|ner

nass
nas|ser/näs|ser,
am nas|ses|ten/
am näs|ses|ten

Na|tur, die
der Na|tur|schutz
na|tür|lich, na|tür|li|cher,
am na|tür|lichs|ten
Ne|an|der|ta|ler, der
die Ne|an|der|ta|ler
Ne|bel, der
die Ne|bel
neb|lig, *auch:* ne|bel|ig
ne|ben
ne|ben|an, ne|ben|bei
ne|ben|ein|an|der
sie sitzen neben-
einander
ne|cken
sie neckt ihn
Nef|fe, der
die Nef|fen
neh|men
sie nimmt, nahm,
hat ge|nom|men
nei|disch,
nei|di|scher,
am nei|dischs|ten
der Neid
nei|gen
sie neigt sich
die Nei|gung
nein
nein sa|gen
auch: Nein sa|gen
Nel|ke, die
die Nel|ken

nen|nen
er nennt,
nann|te,
hat ge|nannt
Nerv, der
die Ner|ven
ner|vös
sie nervt mich

→ **Nacht/nachts**

Großschreibung
zur Nacht
eines Nachts
heute Nacht
es wird Nacht
gute Nacht

Kleinschreibung
nachts
dienstagnachts

A B C D E F G H I J K L M N O P Qu R S T U V W X Y Z

Nes|sel, die
die Nes|seln
die Brenn|nes|sel

Nest, das
die Nes|ter

nett
net|ter,
am net|tes|ten

Netz, das
die Net|ze
das Netz|werk

neu
neu|er, am neus|ten
oder: am neu|es|ten
das Neue, die Neuheit

neu|gie|rig
die Neu|gier

neun/Neun →
neun|zehn, neun|zig,
neun|hun|dert

nicht
gar nicht
nicht wahr?

Nich|te, die
die Nich|ten

nichts
gar nichts

ni|cken
sie nickt

nie
nie wie|der

nie|der

Nie|der|schlag, der
die Nie|der|schlä|ge

nied|lich
nied|li|cher,
am nied|lichs|ten

→ **neun/Neun**

Kleinschreibung
neun Jahre alt sein
neun mal zwei
es ist halb neun
neuntens

Großschreibung
die Zahl Neun
eine Neun
er wurde Neunter

Mit Zahl oder ausgeschrieben
neunjährig – 9-jährig
neunmal – 9-mal
am neunten *oder* 9. Mai

nied|rig
nied|ri|ger,
am nied|rigs|ten
nie|mals
nie|mand
Nie|re, die
die Nie|ren
nie|sen
sie niest
Nie|te, die
die Nie|ten
Ni|ko|laus, der
der Ni|ko|laus|abend
Nil|pferd, das
die Nil|pfer|de

nimmt → neh|men
nip|pen
er nippt
(trinkt vorsichtig)
nir|gends
nis|ten
der Vogel nistet
der Nist|kasten
Ni|xe, die
die Ni|xen
noch
noch ein|mal
noch nie
noch|mals
No|men, das
(Namenwort)
die No|men
No|mi|na|tiv, der
(Werfall)
Nord|ame|ri|ka
Nor|den, der
nörd|lich, nörd|li|cher,
am nörd|lichs|ten
nör|geln
er nörgelt manchmal
(ist unzufrieden)
nor|mal
Not, die
die Nö|te, der Not|ruf
No|te, die
die No|ten
Note|book, das
die Note|books
no|tie|ren
ich notiere mir etwas
nö|tig
nö|ti|ger,
am nö|tigs|ten
No|tiz, die
die No|ti|zen
No|vem|ber, der

A B C D E F G H I J K L M N O P Qu R S T U V W X Y Z

Nu
im Nu
nüch|tern
Nu|ckel, der
das Baby nuckelt
Nu|del, die
die Nu|deln
null
null Feh|ler
die Null
Num|mer, die
die Num|mern
num|me|rie|ren
nun
was machen wir nun (jetzt)?
nur
was hat er nur?
Nuss, die
die Nüs|se
Nüs|tern, die
nüt|zen/nut|zen
es nützt, es nutzt
der Nut|zen
die Nütz|lich|keit
nütz|lich

O/o

o
oh! o ja! o weh!
Oa|se, die
die Oa|sen

ob
ob das wohl reicht?
Ob|acht, die
Ob|acht ge|ben
oben
oben blei|ben
ober|fläch|lich
die Ober|flä|che
Ober|schen|kel, der
die Ober|schen|kel
Ob|jekt, das
(Satzergänzung)
Obst, das
ob|wohl
obwohl ich mich beeilt habe, bin ich nicht fertig geworden
Och|se, der
die Och|sen
ocker
der Sand hat eine ocker Farbe

öde
ein öder (langweiliger) Tag
oder
Ofen, der
die Öfen
of|fen
of|fe|ner,
am of|fens|ten
die Of|fen|heit
die Öf|fent|lich|keit
öf|fent|lich
off|line
(getrennt vom Internet sein)
öff|nen
er öff|net
die Öff|nung
oft
öf|ter
oh|ne
Ohn|macht, die
sie wurde ohnmächtig
Ohr, das
die Oh|ren
das Ohr|läpp|chen
okay
(richtig, in Ordnung)
Ok|to|ber, der
Öl, das
die Öle
Oli|ve, die
die Oli|ven

Olym|pi|ade, die
die Olym|pi|schen Spie|le

Oma, die
die Omas
Ome|lett, das
die Ome|let|te
auch: die Ome|letts
Om|ni|bus, der
die Om|ni|bus|se
On|kel, der
die On|kel
on|line
(im Internet sein)
Opa, der
die Opas
Oper, die
die Opern
das Opern|haus
Ope|ra|ti|on, die
die Ope|ra|ti|onen
ope|rie|ren, ope|riert

A B C D E F G H I J K L M N **O** P Qu R S T U V W X Y Z

Op|fer, das
die Op|fer
op|fern

op|ti|mis|tisch

Oran|ge, die
die Oran|gen
der Oran|gen|saft

oran|ge
sie trägt ein orange T-Shirt

Or|ches|ter, das
sie spielt im Schul-orchester

or|dent|lich
or|dent|li|cher,
am or|dent|lichs|ten

ord|nen
sie ord|net
der Ord|ner, die Ord|ner

Ord|nung, die

Or|gel, die
die Or|geln

Ori|gi|nal, das
die Ori|gi|na|le
ori|gi|nell

Or|kan, der
die Or|ka|ne

Ort, der
die Or|te

Os|ten, der
öst|lich, öst|li|cher,
am öst|lichs|ten

Os|tern
das Os|ter|ei
das Os|ter|fest
ös|ter|lich

Ös|ter|reich
ös|ter|rei|chisch
die Ös|ter|rei|cher

out
das ist out (unmodern)

oval
die ova|le Form
ein gro|ßes Oval

Over|all, der
die Over|alls

Oze|an, der
die Oze|ane

Ozon, das
auch: der Ozon
das Ozon|loch

P/p

paar
ein paar Leute (einige)
Paar, das
die Paa|re
ein Paar Socken (zwei)
ein Pär|chen
Päck|chen, das
die Päck|chen
pa|cken
er packt
pad|deln
sie pad|delt
das Pad|del|boot
Pa|ket, das
die Pa|ke|te
Pam|pel|mu|se, die

die Pam|pel|mu|sen
Pan|da, der

die Pan|das
Pa|nik, die
sie brachen in Panik (große Angst) aus
Pan|ne, die
die Pan|nen
pan|schen
sie panschten im Wasser
Pan|ther, der

auch: der Pan|ter
die Pan|ther
Pan|tof|fel, der
die Pan|tof|feln
Pan|to|mi|me, die
der Pan|to|mi|me,
die Pan|to|mi|min
pan|to|mi|misch
Pa|pa, der
die Pa|pas
Pa|pa|gei, der

die Pa|pa|gei|en
Pa|pier, das
die Pa|pie|re
Pap|pe, die

die Pap|pen
Pap|ri|ka, die
die Pap|ri|ka|scho|te
Pa|ra|dies, das
die Pa|ra|die|se
Park, der
die Parks
Par|ka, der
die Par|kas

A B C D E F G H I J K L M N O P Qu R S T U V W X Y Z

par|ken
sie parkt
Park|platz, der
die Park|plät|ze
Part|ner, der
die Part|ner,
die Part|ne|rin
das Part|ner|dik|tat
Par|ty, die
die Par|tys
die Ge|burts|tags|par|ty
Pass, der
die Päs|se
pas|sen
es passt mir nicht
pas|sie|ren
da ist etwas passiert
Pass|wort, das
die Pass|wör|ter
Pa|te, der
die Pa|tin, die Pa|ten
das Pa|ten|kind
Pa|ti|ent, der
die Pa|ti|en|ten
die Pa|ti|en|tin,
die Pa|ti|en|tin|nen
Pat|zer, der
die Pat|zer
pat|zen, pat|zig
pau|ken
er paukt
die Pau|ke
Pau|se, die
die Pau|sen
pau|sen|los
PC, der
die PC (*kurz für:*
Per|so|nal|com|pu|ter)
Pech, das
er hatte Pech im Spiel
(kein Glück)
Pe|dal, das
die Pe|da|le
pein|lich
pein|li|cher,
am pein|lichs|ten
Pelz, der
die Pel|ze
Per|fekt, das
(Vergangenheitsform)
Per|le, die
die Per|len

Per|son, die
die Per|so|nen
per|sön|lich
Pe|ter|si|lie, die

pet|zen
sie petzt
Pfad, der
die Pfa|de
die Pfad|fin|der
Pfand, das
die Pfän|der
die Pfand|fla|sche
Pfan|ne, die
die Pfan|nen
der Pfann|ku|chen
Pfef|fer, der
Pfef|fer|min|ze, die
pfei|fen
sie pfeift, pfiff,
hat ge|pfif|fen
die Pfei|fe, der Pfiff
Pfeil, der
die Pfei|le
Pferd, das
die Pfer|de
der Pfer|de|sat|tel
Pfiff, der
die Pfif|fe
pfif|fig
pfif|fi|ger,
am pfif|figs|ten
(schlau)
Pfings|ten
das Pfingst|fest
Pfir|sich, der
die Pfir|si|che

Pflan|ze, die
die Pflan|zen
das Pflänz|chen
pflan|zen
du pflanzt,
sie pflanzt
Pflas|ter, das
die Pflas|ter
Pflau|me, die
die Pflau|men

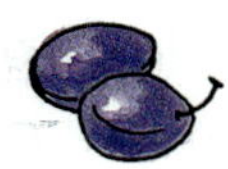

Pfle|ge, die
der Pfle|ger,
die Pfle|ge|rin
pfle|gen, pflegt
Pflicht, die
die Pflich|ten
pflü|cken
er pflückt

Pflug, der
die Pflü|ge
pflü|gen,
er pflügt
Pfos|ten, der
die Pfos|ten
Pfo|te, die
die Pfo|ten
das Pföt|chen
pfui
pfui, das tut man nicht!
Pfund, das
die Pfun|de
Pfüt|ze, die
die Pfüt|zen
Phan|ta|sie, die
die Phan|ta|si|en
auch: die Fan|ta|sie
Pi|ckel, der
die Pi|ckel
pick|lig
pi|cken
er pickt
Pick|nick, das
die Pick|nicks
auch: die Pick|ni|cke
pie|pen
der Vogel piept
piep|sen
es piepst
pik|sen (stechen)
es pikst
Pik|to|gramm, das
die Pik|to|gram|me

Pi|lot, der
die Pi|lo|ten,
die Pi|lo|tin
Pilz, der
die Pil|ze

pink
sie hat ein pink T-Shirt

Pinn|wand, die
die Pinn|wän|de
an|pin|nen
Pin|sel, der
die Pin|sel
pin|seln, sie pin|selt
Pin|zet|te, die
die Pin|zet|ten
Pi|rat, der
die Pi|ra|ten

Piz|za, die
die Piz|zen
auch: die Piz|zas
die Piz|ze|ria

PKW, der
kurz für: Personenkraftwagen
Pla|kat, das
die Pla|ka|te
Plan, der
die Plä|ne
pla|nen, er plant
Pla|ne, die
die Pla|nen
die Zelt|pla|ne
Pla|net, der
die Pla|ne|ten

plan|schen
du planschst
er planscht
plap|pern
sie plappert alles nach
plär|ren
er plärrt
das Ge|plär|re
Plas|tik, das
(Kunststoff)
plät|schern
es plät|schert
platt
plat|ter, am plat|tes|ten
Plat|te, die
die Plat|ten
plät|ten
die Mutter plättet (bügelt)
Platz, der
die Plät|ze
Plätz|chen, das
die Plätz|chen
plat|zen
es platzt
die Platz|wun|de
plötz|lich
plump|sen
sie plumpst
Plu|ral, der
(Mehrzahl)
plus (mehr)
das Plus|zei|chen
po|chen
es pocht an der Tür
Pol, der
die Po|le
Po|len
pol|nisch, die Po|len
Po|li|zei, die

Po|li|zist, der
die Polizisten,
die Po|li|zis|tin

Pom|mes, die
(*kurz für:* die Pommes frites)

Po|ny, das
die Po|nys

Pop, der
die Pop|mu|sik

Pop|corn, das

Po|po, der
die Po|pos

Por|ti|on, die
die Por|ti|onen
eine Portion Eis essen

Port|mo|nee, das
die Port|mo|nees
auch: Por|te|mon|naie

Por|to, das

Por|zel|lan, das
die Por|zel|la|ne

Post, die
das Post|amt
der Post|bo|te,
die Post|bo|tin
die Post|kar|te

Pos|ter, das
auch: der Pos|ter
die Pos|ter

Pracht, die

präch|tig
präch|ti|ger,
am präch|tigs|ten
pracht|voll

Prä|di|kat, das
(Satzaussage)

prah|len
sie prahlt (gibt an)

prak|tisch
prak|ti|scher,
am prak|tischs|ten

Pra|li|ne, die
die Pra|li|nen

Prä|rie, die
die Prä|ri|en

Prä|sens, das
(Gegenwartsform)

pras|seln
das Feuer prasselt

Prä|te|ri|tum, das
(Vergangenheitsform)

Pra|xis, die
die Pra|xen
die Arzt|pra|xis

Preis, der
die Prei|se
preis|wert, preis|wer|ter,
am preis|wer|tes|ten
Pres|se, die
die Pres|sen
pres|sen, er presst
pri|ma
das ist prima (sehr gut)
Prinz, der
die Prin|zen,
die Prin|zes|sin
pri|vat
Pro|be, die
die Pro|ben
pro|ben, er probt
pro|bie|ren
sie probiert etwas aus
Pro|blem, das
die Pro|ble|me
Pro|dukt, das
die Pro|duk|te
pro|du|zie|ren
Pro|gramm, das
die Pro|gram|me
pro|gram|mie|ren
Pro|jekt, das
die Pro|jek|te
der Pro|jekt|un|ter|richt
Pro|no|men, das
(Fürwort)
die Pro|no|men
Pro|pel|ler, der
die Pro|pel|ler
Pro|spekt, der
die Pro|spek|te
pro|tes|tie|ren
er protestiert gegen etwas
Pro|to|koll, das
die Pro|to|kol|le
pro|to|kol|lie|ren
prot|zen
er protzt, prot|zig
Pro|zent, das
die Pro|zen|te
prü|fen
er prüft
Prü|fung, die
die Prü|fun|gen
prü|geln
sie prü|gelt
die Prü|gel

Pud|ding, der
die Pud|din|ge
auch: die Pud|dings

Pu|del, der
die Pu|del
die Pu|del|müt|ze

Puf|fer, der
die Puf|fer

Pul|li, der
die Pul|lis

Pul|lo|ver, der
auch: der Pull|over,
die Pul|lo|ver

Puls, der
der Puls|schlag

Pult, das
die Pul|te

Pul|ver, das
die Pul|ver

Punkt, der
die Punk|te
das Pünkt|chen

pünkt|lich

Pu|pil|le, die
die Pu|pil|len

Pup|pe, die
die Pup|pen
das Pup|pen|spiel

Pü|ree, das
die Pü|rees
pü|rie|ren

pur|zeln
er pur|zelt
der Pur|zel|baum

Pus|te|blu|me, die
die Pus|te|blu|men

pus|ten
sie pustet
er ist außer Puste

put|zen
er putzt

put|zig
put|zi|ger,
am put|zigs|ten
du siehst putzig (lustig) aus

Puz|zle, das
puz|zeln, er puz|zelt

Py|ja|ma, der
(Schlafanzug)
die Py|ja|mas

Py|ra|mi|de, die
die Py|ra|mi|den

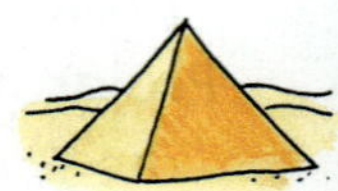

Qu/qu

Qua|drat, das
die Qua|dra|te
qua|dra|tisch

qua|ken
der Frosch quakt
das Ge|qua|ke

Qual, die
die Qua|len

quä|len
sie quält sich

Qual|le, die
die Qual|len

qual|men
es qualmt
der Qualm

Quark, der

Quar|tett, das
die Quar|tet|te

quas|seln
er quasselt ständig (redet dazwischen)

Quatsch, der
quat|schen, er quatscht

Quel|le, die
die Quel|len
das Quell|was|ser

quen|geln
er quengelt (nörgelt) immer

quer
quer ge|streift
auch:
quer|ge|streift
kreuz und quer

quet|schen
sie hat sich die Finger gequetscht

quie|ken
das Schwein quiekt
das Ge|quie|ke

quiet|schen
es quietscht

Quirl, der
die Quir|le

quitt
(ausgeglichen)
jetzt sind wir quitt

Quiz, das
die Quiz|frage

A B C D E F G H I J K L M N O P Qu R S T U V W X Y Z

R/r

Ra|be, der
die Ra|ben
ra|ben|schwarz

Ra|che, die
sich rä|chen

Ra|chen, der

Rad, das
die Rä|der
Rad fah|ren
ra|deln, sie ra|delt
er fährt Rad
sie ist Rad gefahren
beim Rad|fah|ren

Ra|dar, der
auch: das Ra|dar
die Ra|dar|fal|le

Rad|fah|rer, der
die Rad|fah|rer,
die Rad|fah|re|rin

ra|die|ren
er ra|diert

Ra|dier|gum|mi, der
die Ra|dier|gum|mis

Ra|dies|chen, das
die Ra|dies|chen

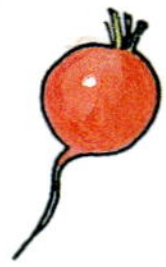

Ra|dio, das
die Ra|di|os

raf|fi|niert
er ist raffiniert (schlau, durchtrieben)

Rah|men, der
die Rah|men
ein|rah|men

Ra|ke|te, die
die Ra|ke|ten

Ral|lye, die
die Ral|lyes

ram|men
er rammt

ran
komm näher ran (heran)

Rand, der
die Rän|der

rang → ringen

rann|te → rennen

Ran|zen, der
die Ran|zen

Rap, der
die Raps
wir singen einen Rap
wir rappen

rasch
ra|scher, am ra|sches|ten
ra|scheln
es ra|schelt
ra|sen
sie rast
die Ra|se|rei, ra|send
Ra|sen, der
die Ra|sen
der Ra|sen|mä|her
Ras|sel, die
die Ras|seln
ras|seln, es ras|selt
ras|ten
er ras|tet
die Rast
sie machen Rast
Rat, der
sie gibt ihm einen guten Rat
ra|ten
sie rät, riet,
hat ge|ra|ten
Rät|sel, das
die Rät|sel
rät|sel|haft

Rat|te, die
die Rat|ten

rat|tern
es rat|tert
rau
rau|er, am raus|ten
oder: am rau|es|ten
rau|ben
sie raubt
der Räu|ber
das Raub|tier
rau|chen
es raucht
der Rauch
rauf (herauf)
rauf|kom|men
rau|fen
er rauft
Raum, der
die Räu|me
die Raum|fäh|re
räu|men
er räumt sein Zimmer auf
Rau|pe, die
die Rau|pen

A B C D E F G H I J K L M N O P Qu R S T U V W X Y Z

raus (heraus)
raus|kom|men
er kommt raus,
kam raus,
ist raus|ge|kom|men

rau|schen
es rauscht

rech|nen
sie rech|net
die Rech|nung

recht/Recht →

rechts
sich rechts hal|ten
von links nach rechts

Recht|schrei|bung, die

Re|cor|der, der
die Re|cor|der
auch: die Re|kor|der

Re|cyc|ling, das
re|cy|celn, re|cy|celt
(z. B. aus Altglas neues
Glas herstellen)

re|den
er re|det
die Re|de, die Re|den
der Red|ner,
die Red|ne|rin

Re|gal, das
die Re|ga|le

Re|gel, die
die Re|geln

Re|gen, der
der Re|gen|bo|gen

Re|gen|wurm, der
die Re|gen|wür|mer

reg|nen
es reg|net
reg|ne|risch

Reh, das
die Re|he

rei|ben
sie reibt, rieb,
hat ge|rie|ben

reich
rei|cher, am reichs|ten
reich|lich

rei|chen
er reicht ihr die Hand

reif
rei|fer, am reifs|ten
reif sein, reif wer|den

Rei|fen, der
die Rei|fen

Rei|he, die
die Rei|hen

Reim, der
die Rei|me
das Gedicht reimt sich

rein
rei|ner, am reins|ten
rei|ni|gen, er rei|nigt
rein|lich
rein
sie kommt in die Klasse rein (herein)
Reis, der
Rei|se, die
die Rei|sen
sie reist zu ihrer Oma
rei|ßen
sie reißt, riss,
hat ge|ris|sen
sie reißt das Blatt durch
Reiß|ver|schluss, der
die Reiß|ver|schlüs|se
rei|ten
er reitet, ritt,
ist gerit|ten
der Rei|ter, die Rei|te|rin
Reiz, der
die Rei|ze
rei|zen, *es reizt mich*
rei|zend
Re|kla|me, die
Re|kord, der
die Re|kor|de
Re|kor|der, der
auch: der Re|cor|der,
die Re|kor|der
der Vi|deo|re|kor|der
Rek|tor, der
die Rek|to|ren,
die Rek|to|rin
Re|li|gi|on, die
die Re|li|gi|onen
re|li|gi|ös

→ **recht/Recht**

Kleinschreibung
das geschieht ihm recht
jetzt erst recht
so ist es recht
ein rechter Winkel

Großschreibung
mein gutes Recht
sein Recht bekommen
im Recht sein

rem|peln
er hat mich angerempelt

ren|nen
sie rennt, rann|te, ist ge|rannt
das Ren|nen

re|pa|rie|ren
er repariert sein Fahrrad
die Re|pa|ra|tur

Res|pekt, der
res|pek|tie|ren (achten)

Rest, der
die Res|te
rest|los

Res|tau|rant, das
die Res|tau|rants

ret|ten
er ret|tet
die Ret|tung
der Ret|tungs|dienst

Ret|tich, der
die Ret|ti|che

Reue, die
et|was be|reu|en
ich habe es bereut

Re|zept, das
die Re|zep|te

Rha|bar|ber, der
der Rha|bar|ber|ku|chen

Rhyth|mus, der
die Rhyth|men
rhyth|misch

rich|ten
der Rich|ter, die Rich|te|rin

rich|tig
rich|ti|ger, am rich|tigs|ten
rich|tig schrei|ben

Rich|tung, die
die Rich|tun|gen

rieb → reiben

rie|chen
es riecht, roch, hat ge|ro|chen
der Ge|ruch

rief → rufen

Rie|gel, der
die Rie|gel
der Scho|ko|rie|gel

Rie|men, der
die Rie|men

Rie|se, der
die Rie|sen
rie|sig, rie|si|ger,
am rie|sigs|ten
rie|sen|groß
riet → raten
Rind, das
die Rin|der
Rin|de, die
die Rin|den
Ring, der
die Rin|ge

rin|gen
sie ringt, rang,
hat ge|run|gen
der Ring|kampf
rings|he|rum
Rin|ne, die
die Rin|nen
rin|nen, es rinnt, rann,
ist ge|ron|nen
Rip|pe, die
die Rip|pen
riss → reißen
Riss, der
die Ris|se, ris|sig
ritt → reiten

Ritt, der
die Rit|te
Rit|ter, der
die Rit|ter
rit|ter|lich
Rob|be, die
die Rob|ben

Ro|bo|ter, der
die Ro|bo|ter
roch → riechen
Rock, der
die Rö|cke
Rock|mu|sik, die
ro|deln
sie ro|delt
der Ro|del|schlit|ten
Rog|gen, der

roh
ro|her,
am rohs|ten
oder am ro|hes|ten
Rohr, das
die Roh|re
Rol|le, die
die Rol|len
rol|len
der Ball rollt

Rol|ler, der
der Roll|stuhl
der Roll|schuh

Rol|lo, das
die Rol|los

ro|sa
sie hat den rosa Pulli an
das Ro|sa des Pul|lis
ro|sa|rot

Ro|se, die
die Ro|sen
ro|sig

Ro|si|ne, die
die Ro|si|nen

Rost, der
ros|ten, es ros|tet
ros|tig

rot/Rot →
mein ro|ter Pul|li

Rou|la|de, die
die Rou|la|den

Rü|be, die
die Rü|ben

rü|ber
komm doch mal rüber (herüber)!

rü|cken
er rückt beiseite

Rü|cken, der
die Rü|cken

Ruck|sack, der
die Ruck|sä|cke

Rück|sicht, die
rück|sichts|voll

rück|wärts
er geht rückwärts

Ru|del, das
die Ru|del

Ru|der, das
die Ru|der
das Ru|der|boot
ru|dern, sie ru|dert

ru|fen
er ruft, rief,
hat ge|ru|fen

Ru|he, die
ru|hen, sie ruht
ru|hig, ru|hi|ger,
am ru|higs|ten

rüh|ren
er rührt etwas an
das Rühr|ei

rum
sie rührt in der Suppe rum (herum)
Rum|mel, der
der Rum|mel|platz
Rumpf, der
die Rümp|fe
rund
rund um das Haus
die Run|de, rund|lich
run|ter
sie kommt die Treppe runter (herunter)
rup|pig
rup|pi|ger,
am rup|pigs|ten
Ruß, der
ru|ßig

Rü|schen, die
ihre Bluse hat Rüschen
Rüs|sel, der
die Rüs|sel
Russ|land
rus|sisch
die Rus|sen
Rüs|tung, die
die Rüs|tun|gen
Ru|te, die
die Ru|ten
rut|schen
sie rutscht
die Rut|sche
rut|schig, rut|schi|ger,
am rut|schigs|ten
rüt|teln
er rüt|telt

➜ **rot/Rot**

Kleinschreibung
mein Pulli ist rot
mein roter Pulli
rot gestreift,
auch: rotgestreift
dunkelrot, hellrot
feuerrot
etwas rot anmalen

Großschreibung
die Farbe Rot
das Rot des Feuers
ein feuriges Rot
die Ampel steht auf Rot

S/s

Saal, der
die Sä|le
Saat, die
die Saa|ten
Sa|che, die
die Sa|chen
das Sach|buch
Sack, der
die Sä|cke
sä|en
du säst, er sät
Saft, der
die Säf|te
saf|tig
Sä|ge, die
die Sä|gen
sä|gen, sie sägt
sa|gen
sie sagt
die Sa|ge, die Sa|gen
sa|gen|haft
sah → sehen
Sah|ne, die
sah|nig

Sai|te, die
die Sai|ten
die Gi|tar|ren|sei|te
Sa|la|mi, die
Sa|lat, der
die Sa|la|te

Sal|be, die
die Sal|ben
Sal|to, der
die Sal|tos
Salz, das
die Sal|ze
sal|zen, sie salzt
sal|zig, sal|zi|ger,
am sal|zigs|ten
Sa|men, der
die Sa|men
das Sa|men|korn
sam|meln
er sam|melt
die Samm|lung
Samstag/samstags →
der Sams|tag,
die Sams|ta|ge
sams|tags
sämt|lich
sämtliche (alle) Kinder

Sand, der
san|dig, san|di|ger,
am san|digs|ten
der Sand|kas|ten
die Sand|bank
San|da|le, die
die San|da|len

sand|te → senden
sanft
sanf|ter,
am sanf|tes|ten
mit sanfter (leiser) Stimme
sang → singen
Sän|ger, der
die Sän|ger,
die Sän|ge|rin
sank → sinken
Sankt Mar|tin
saß → sitzen
Sa|tel|lit, der
die Sa|te|li|ten
satt
er isst sich satt
Sat|tel, der
die Sät|tel
sat|teln
sie sattelt ihr Pferd
Satz, der
die Sät|ze
die Satz|zei|chen
Sau, die
die Säue
auch: die Sau|en

sau|mä|ßig
sau|ber
sau|be|rer,
am sau|bers|ten
sau|ber ma|chen
säu|ber|lich
die Sau|ber|keit

→ **Samstag/samstags**

Großschreibung
der Samstag
am Samstag
jeden Samstag
der Samstagmittag

Kleinschreibung
samstags
samstagmittags

A B C D E F G H I J K L M N O P Qu R S T U V W X Y Z

A B C D E F G H I J K L M N O P Qu R S T U V W X Y Z

sau|er
sau|rer,
am sau|ers|ten
sie ist sauer (böse, beleidigt)
der Sau|er|stoff
säu|er|lich

sau|fen
das Pferd säuft,
soff, hat ge|sof|fen

sau|gen
es saugt
der Säug|ling
das Säu|ge|tier

Säu|le, die
die Säu|len

Saum, der
die Säu|me
der Saum des Kleides

Sau|ri|er, der
die Sau|ri|er
der Di|no|sau|ri|er

sau|sen
du saust, er saust

S-Bahn, die
die S-Bah|nen
(*kurz für:* Stadt|bahn, Schnell|bahn)

Scan|ner, der
die Scan|ner
scan|nen, er scannt
etwas ein|scan|nen

Sch/sch

scha|ben
er schabt
der Scha|ber

schä|big
sich schä|big ver|hal|ten
die schäbige (alte, kaputte) Hose

Schach|tel, die
die Schach|teln

scha|de
es ist schade, dass du nicht kommst

Scha|den, der
die Schä|den
der Schad|stoff
scha|den, es scha|det

schäd|lich
schäd|li|cher,
am schäd|lichs|ten
der Schäd|ling

Schaf, das
die Scha|fe
das Schäf|chen
der Schä|fer
der Schä|fer|hund

schaf|fen
er schafft, schaff|te,
er hat es endlich geschafft

Schal, der
die Schals

Scha|le, die
die Scha|len

schä|len
sie schält Orangen

Schall, der
schal|len, schallt
sie lachte schallend (laut)

Schal|ter, der
die Schal|ter
die Schal|tung
schal|ten, schal|tet

schä|men
er schämt sich

Schar, die
die Scharen
eine Schar (Gruppe) Kinder

scharf
schär|fer, am schärfs|ten
die Schär|fe

schar|ren
das Huhn scharrt

Schasch|lik, das
(Fleischspieß)

Schat|ten, der
die Schat|ten
das Schat|ten|spiel
schat|tig

Schatz, der
die Schät|ze
schät|zen, er schätzt es

schau|en
sie schaut
das Schau|fen|ster
der Schau|spie|ler,
die Schau|spie|le|rin
zu|schau|en

Schau|er, der
die Schau|er
der Re|gen|schau|er
schau|er|lich, schau|rig

Schau|fel, die
die Schau|feln
schau|feln, er schau|felt

A B C D E F G H I J K L M N O P Qu R S T U V W X Y Z

Schau|kel, die
die Schau|keln
schau|keln, schau|kelt

Schaum, der
schau|mig
schäu|men, schäumt

sche|ckig
ein scheckiges (geflecktes) Pferd

Schei|be, die
die Schei|ben

Schei|dung, die
die Schei|dun|gen
schei|den, schei|det

schei|nen
die Sonne scheint, schien, hat geschienen

schei|nen
das Baby scheint zu schlafen (wahrscheinlich schläft es)

Schei|tel, der
die Schei|tel
sie hat einen Mittelscheitel

Sche|mel, der
die Sche|mel

Schen|kel, der
die Schen|kel
der Un|ter|schen|kel

schen|ken
er schenkt ihr etwas
das Ge|schenk

Scher|be, die
die Scher|ben

Sche|re, die
die Sche|ren

Scherz, der
die Scher|ze
das war nur ein Scherz (nicht ernst gemeint)

scheu|chen
sie scheuchte (jagte) ihn weg

scheu|en
das Pferd scheut

scheu|ern
er scheu|ert
das Scheu|er|tuch

Scheu|ne, die
die Scheu|nen

scheuß|lich
heute ist scheußliches (schreckliches) Wetter

Schi, der
die Schi|er
auch: der Ski
Schi fah|ren

Schicht, die
die Schich|ten

schi|cken
er schickt sie weg

schie|ben
sie schiebt, schob,
hat ge|scho|ben

Schieds|rich|ter, der
die Schieds|rich|ter,
die Schieds|rich|te|rin

schief
schie|fer, am schiefs|ten

schien
→ scheinen

Schie|ne, die
die Schie|nen
das Schien|bein

schie|ßen
sie schießt, schoss,
hat ge|schos|sen

Schiff, das
die Schif|fe
die Schiff|fahrt

Schild, das
die Schil|der

Schild|krö|te, die
die Schild|krö|ten

Schim|mel, der
die Schim|mel
das Pferd ist ein Schimmel
auf dem Käse ist Schimmel

schim|meln
schim|me|lig,
es schim|melt

schim|mern
es schim|mert
der Schim|mer

schimp|fen
sie schimpft
das Schimpf|wort

Schin|ken, der
die Schin|ken

Schirm, der
die Schir|me

schlach|ten
er schlach|tet
der Schlach|ter
(Fleischer, Metzger)

Schlä|fe, die
die Schlä|fen
schla|fen
sie schläft, schlief,
hat ge|schla|fen
der Schlaf
schläf|rig, ver|schla|fen
schlaff
schlaf|fer,
am schlaffs|ten
ich fühle mich schlaff (müde)
Schlag, der
die Schlä|ge
das Schlag|zeug
schla|gen
er schlägt, schlug,
hat ge|schla|gen
Schla|ger, der
die Schla|ger
die Schla|ger|sän|ge|rin
Schlamm, der
schlam|mig
schlam|pig
schlam|pi|ger,
am schlam|pigs|ten
die Schlam|pe|rei
eine schlampige (unordentliche) Arbeit

Schlan|ge, die
die Schlan|gen

schlank
schlan|ker,
am schlanks|ten
schlapp
schlap|per,
am schlapps|ten
sich schlapp fühlen (erschöpft sein)
die Schlap|pe
schlapp|ma|chen
schlau
schlau|er,
am schlaus|ten
oder am schlau|es|ten
Schlauch, der
die Schläu|che
der Gar|ten|schlauch
schlecht
schlech|ter,
am schlech|tes|ten
Schle|cke|rei, die
die Schle|cke|rei|en
schlei|chen
sie schleicht, schlich,
ist ge|schli|chen

Schlei|er, der
die Schleier
Schlei|fe, die
die Schlei|fen

schlem|men
sie schlemmt gern
schlep|pen
er schleppt
schleu|dern
der Wagen schleudert
die Schleu|der
Schleu|se, die
die Schleu|sen
schlief → schlafen
schlie|ßen
er schließt, schloss,
hat ge|schlos|sen
schließ|lich
schlimm
schlim|mer,
am schlimms|ten
das Schlimms|te
schlin|gen
sie schlingt, schlang,
hat ge|schlun|gen
Schlips, der
die Schlip|se

Schlit|ten, der

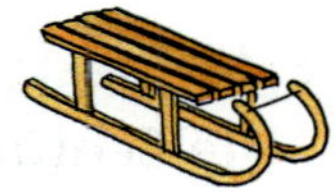

die Schlit|ten
Schlit|ten fah|ren
der Schlit|ten|hund
die Schlitt|schu|he
schlit|tern, schlit|tert
Schlitz, der
die Schlit|ze
Schloss, das
die Schlös|ser
das Tür|schloss
das Mär|chen|schloss
schloss → schließen
schluch|zen
sie schluchzt (weint)
Schluck, der
die Schlu|cke
schlu|cken, sie schluckt
schlug → schlagen
schlüp|fen
er schlüpft
der Schlüp|fer
schlür|fen
sie schlürft die heiße Suppe
Schluss, der
die Schlüs|se

Schlüs|sel, der
die Schlüs|sel
schmal
schma|ler
auch: schmä|ler
am schmals|ten/
am schmäls|ten
schmat|zen
er schmatzt
der Schmatz (Kuss)
schme|cken
es schmeckt mir
schmei|ßen
er schmeißt, schmiss,
hat ge|schmis|sen
schmel|zen
das Eis schmilzt,
schmolz,
ist ge|schmol|zen
Schmerz, der
die Schmer|zen
schmer|zen, es schmerzt
die Verletzung ist
schmerzhaft

Schmet|ter|ling, der
die Schmet|ter|lin|ge
schmie|ren
er schmiert Brot
schmin|ken
sie schminkt sich
die Schmin|ke
Schmuck, der
schmü|cken, schmückt
schmud|de|lig
(schmutzig)
das Schmud|del|wet|ter
schmun|zeln
er schmun|zelt (lächelt)
schmu|sen
sie schmust gern
Schmutz, der
schmut|zig,
schmut|zi|ger,
am schmut|zigs|ten
Schna|bel, der
die Schnä|bel
Schnal|le, die
die Schnal|len
schnap|pen
die Falle schnappt zu
schnar|chen
er schnarcht
schnat|tern
die Ente schnattert
schnau|ben
das Pferd schnaubt

Schnau|ze, die
die Schnau|zen
das Schnäuz|chen

Schne|cke, die
die Schne|cken

Schnee, der
der Schnee|ball
der Schnee|mann
schnee|weiß

schnei|den
sie schnei|det, schnitt,
hat ge|schnit|ten

schnei|en
es schneit

schnell
schnel|ler,
am schnells|ten
schnell lau|fen

Schnip|sel, der
auch: das Schnip|sel
schnip|seln, schnip|selt

Schnitt, der
die Schnit|te
der Schnitt|lauch

Schnit|zel, das
die Schnit|zel

schnüf|feln
der Hund schnüffelt

Schnup|fen, der
ver|schnupft

schnup|pern
sie schnup|pert (riecht)

Schnur, die
die Schnü|re

schnur|ren
sie schnurrt
der Schnurr|bart

schob → schieben

Schock, der
die Schocks
scho|cken, schockt
scho|ckie|ren

Scho|ko|la|de, die
die Scho|ko|la|den

schon
es ist schon spät

schön
schö|ner, am schöns|ten
die Schön|heit

scho|nen
sie schont sich

Schorn|stein, der
die Schorn|stei|ne
der Schorn|stein|fe|ger,
die Schorn|stein|fe|ge|rin

A B C D E F G H I J K L M N O P Qu R S T U V W X Y Z

A B C D E F G H I J K L M N O P Qu R S T U V W X Y Z

Schoß, der
die Schö|ße
schoss → schießen
schräg
schrä|ger,
am schrägs|ten
Schram|me, die
die Schram|men
schram|men, schrammt
Schrank, der
die Schrän|ke
Schran|ke, die
die Schran|ken
die Bahn|schran|ke
Schrau|be, die
die Schrau|ben
schrau|ben, er schraubt
Schreck, der
schre|cken, schreckt,
er|schre|cken
schreck|lich,
schreck|li|cher,
am schreck|lichs|ten
schrei|ben
er schreibt, schrieb,
hat ge|schrie|ben
der Schreib|tisch
schrei|en
sie schreit, schrie,
hat ge|schrien
der Schrei, die Schreie
Schrift, die
die Schrif|ten
schrift|lich
Schritt, der
die Schrit|te
Schubs, der
auch: der Schups
schub|sen, schubst,
schup|sen, schupst
er hat mich geschubst (gestoßen)
schüch|tern
schüch|ter|ner,
am schüch|terns|ten
schuf
→ schaffen
schuf|ten
sie schuf|tet
Schuh, der
die Schu|he
ein Paar Schu|he

Schuld/schuld →

Schu|le, die
die Schu|len
das Schul|buch
Schü|ler, der
die Schü|ler,
die Schü|le|rin,
die Schü|le|rin|nen
das Schul|jahr
der Schul|lei|ter,
die Schul|lei|te|rin
der Schul|weg
Schul|ter, die
die Schul|tern
schum|meln
sie schum|melt
die Schum|me|lei
Schups, der
auch: der Schubs
Schür|ze, die
die Schür|zen
Schuss, der
die Schüs|se
Schüs|sel, die
die Schüs|seln
schüt|teln
sie schüttelt sich vor Lachen
schüt|ten
er schüt|tet
aus|schüt|ten
Schutz, der
der Schutz|helm
schüt|zen
sie schützt sich vor dem Regen
schwach
schwä|cher,
am schwächs|ten
die Schwä|che
Schwal|be, die
die Schwal|ben

Schwamm, der
die Schwäm|me

→ **Schuld/schuld**

Großschreibung
Schuld haben
das war meine Schuld
die Schuldgefühle

Kleinschreibung
schuld sein
du bist schuld daran

Schwan, der
die Schwä|ne
Schwanz, der
die Schwän|ze
schwän|zen
er schwänzt die Schule
schwarz/Schwarz →
schwär|zer,
am schwär|zes|ten
schwat|zen
sie schwatzt
schwe|ben
er schwebt
schwei|gen
er schweigt, schwieg,
hat ge|schwie|gen
schweig|sam
Schwein, das
die Schwei|ne
Schweiß, der
Schweiz, die
schwei|ze|risch
die Schwei|zer
schwer
schwe|rer,
am schwers|ten
schwer|fäl|lig
Schwert, das
die Schwer|ter
Schwes|ter, die
die Schwes|tern
schwie|rig
schwie|ri|ger,
am schwie|rigs|ten
schwim|men
sie schwimmt,
schwamm,
ist/hat ge|schwom|men
das Schwimm|bad
der Schwim|mer,
die Schwim|me|rin

→ **schwarz/Schwarz**

Kleinschreibung
meine Hose ist schwarz
meine schwarze Hose
schwarz gestreift,
auch: schwarzgestreift
schwarz auf weiß
etwas schwarz anmalen

Großschreibung
die Farbe Schwarz
das Schwarz der Kohle
ins Schwarze treffen

schwin|deln
(lügen)
er schwin|delt
der Schwin|del
schwit|zen
sie schwitzt
schwö|ren
er schwört, schwor,
hat ge|schwo|ren
schwül
schwü|ler,
am schwüls|ten
die Schwü|le
Schwung, der
die Schwün|ge

S/s

scrol|len
sie scrollt
sechs/Sechs →
sech|zehn, sech|zig,
sechs|hun|dert
See, der
die Seen
der Stadt|see
(Binnensee)
See, die
die Nord|see (offenes
Meer)
die See|fahrt
das See|pferd|chen
see|krank

→ **sechs/Sechs**

Kleinschreibung
sechs Jahre alt sein
sechs mal zwei
es ist halb sechs
sechstens

Großschreibung
die Zahl Sechs
eine Sechs schreiben
eine Sechs im Zeugnis
er wurde Sechster

Mit Zahl oder ausgeschrieben
sechsjährig – 6-jährig
sechsmal – 6-mal
am sechsten *oder*
6. Mai

See|le, die
die See|len

se|geln
sie se|gelt
das Se|gel,
die Se|gel
das Se|gel|boot
das Se|gel|schiff

Se|gen, der

se|hen
du siehst, er sieht, sah,
hat ge|se|hen

Seh|ne, die
die Seh|nen

sehr
das ist sehr gut!

sei
sei so gut!

seid → sein
da seid ihr ja!

Sei|fe, die
die Sei|fen
ein|sei|fen

Seil, das
die Sei|le
seil|sprin|gen
seil|tan|zen

sein
ich bin, du bist,
er/sie/es ist, wir sind,
ihr seid, sie sind

sein
sei|ne, sei|nem,
sei|nen, sei|ner, sei|nes

seit
seit gestern
seit dem letzten Jahr

seit|dem
seitdem wir uns kennen

Sei|te, die
die Sei|ten
die Buch|sei|ten
sei|ten|lang
seit|lich

Se|kre|tä|rin, die
die Se|kre|tä|rin|nen

Se|kun|de, die
die Se|kun|den

selbst/sel|ber
das habe ich selbst
(selber) geschrieben
sie ist selbstständig

se|lig
(glücklich)

sel|ten
sel|te|ner,
am sel|tens|ten
selt|sam
(merkwürdig, komisch)
Sem|mel, die
die Sem|meln
sen|den
sie sen|det, sand|te,
aber: sen|det, sen|de|te,
die Sen|dung
das Fernsehen hat einen Film gesendet
sie hat ihm einen Brief gesandt
Senf, der
Bratwurst mit Senf
Sep|tem|ber, der
Se|rie, die
die Se|ri|en
Ser|vi|et|te, die
die Ser|vi|et|ten
Ses|sel, der
die Ses|sel
set|zen
sie setzt sich auf den Stuhl
Shirt, das
die Shirts, das T-Shirt
Shop, der
die Shops
Shorts, die
Show, die
die Shows
sich
sich freuen, sich ärgern
si|cher
si|che|rer, am si|chers|ten
die Si|cher|heit
Sicht, die
sicht|bar
sie
sie ist da, sie sind da
Sie

Liebe Frau Müller, ich bitte Sie darum, dass ...
(Anrede in Briefen)

Sieb, das
die Sie|be
sie|ben, sie siebt

A B C D E F G H I J K L M N O P Qu R S T U V W X Y Z

sie|ben/Sieben →
sieb|zehn,
sieb|zig, sie|ben|hun|dert

sie|gen
er siegt
der Sie|ger, die Sie|ger,
die Sie|ge|rin
der Sieg

sieht → sehen

Sig|nal, das
die Sig|na|le

Sil|be, die
die Sil|ben
die Sil|ben|tren|nung

Sil|ber, das
sil|bern, silb|rig

Sil|ves|ter
die Sil|ves|ter|fei|er

sind → sein
wir sind schon da

sin|gen
sie singt, sang,
hat ge|sun|gen
der Ge|sang

Sin|gu|lar, der
(Einzahl)

sin|ken
das Schiff sinkt, sank,
ist ge|sun|ken

Sinn, der
die Sin|ne
sinn|los, sinn|voll
die Sin|nes|or|ga|ne

→ **sieben/Sieben**

Kleinschreibung
sieben Jahre alt sein
sieben mal zwei
es ist halb sieben
siebentens, siebtens

Großschreibung
die Zahl Sieben
eine Sieben malen
er wurde Siebenter/
Siebter

Mit Zahl oder ausgeschrieben
siebenjährig – 7-jährig
siebenmal – 7-mal
am siebenten/siebten
oder 7. Mai

Si|rup, der
Sitz, der
der Sitz|platz
sit|zen
sie sitzt, saß,
hat ge|ses|sen
sie sitzt auf dem Stuhl
Skate|board, das
die Skate|boards
Ske|lett, das
die Ske|let|te
Ski, der
auch: der Schi
die Ski|er
Ski lau|fen
Skiz|ze, die
die Skiz|zen
skiz|zie|ren
Slip, der
die Slips
SMS, die
(*kurz für:*
Short Message Service)
Snow|board, das
die Snow|boards

so
so ein, so ei|ne,
so ei|ner, so et|was
so|bald
sobald ich kann, komme ich
So|cke, die
auch: der So|cken
die So|cken
so|dass
sie stolperte, sodass sie hinfiel
so|eben
er ist soeben (gerade) angekommen
So|fa, das
die So|fas
soff → saufen
so|fort
ich mache das sofort (gleich)
Soft|eis, das
Soft|ware, die
so|gar
so|ge|nannt
meine sogenannte Freundin hat mich enttäuscht
Soh|le, die
die Soh|len

A B C D E F G H I J K L M N O P Qu R S T U V W X Y Z

Sohn, der
die Söh|ne
so|lan|ge
ich bleibe, solange es hell ist
aber: warum dauert es so lange?
solch
sol|che, solch ein
sol|len
du sollst, er soll, soll|te
Som|mer, der
die Som|mer
die Som|mer|fe|ri|en
som|mer|lich, som|mer|li|cher, am som|mer|lichs|ten
son|dern
das macht man nicht so, sondern anders
Song, der
die Songs
Sonnabend/ sonnabends →
der Sonn|abend, die Sonn|aben|de
sonn|abends
Son|ne, die
die Son|nen
die Son|nen|blu|me
son|nig, sich son|nen
Sonntag/sonntags →
der Sonn|tag, die Sonn|ta|ge
sonn|tags
sonst
sonst kei|ne
sonst et|was
sonst je|mand
wer kommt sonst noch?

→ **Sonnabend/ sonnabends**

Großschreibung
der Sonnabend
am Sonnabend
jeden Sonnabend
am Sonnabendmittag

Kleinschreibung
sonnabends
sonnabendmittags

sor|gen
er sorgt sich um sie
die Sor|ge, die Sor|gen
sorg|fäl|tig
sorg|fäl|ti|ger,
am sorg|fäl|tigs|ten
sor|tie|ren
sie sor|tiert
die Sor|te
So|ße, die
die So|ßen
so|wie|so
ich bin sowieso zu Hause

Spa|ni|en
spa|nisch
die Spa|ni|er
span|nend
span|nen|der,
am span|nends|ten
Span|nung, die
spa|ren
sie spart
das Spar|buch
der Spa|rer,
die Spa|re|rin
Spar|gel, der

Sp/sp

Spa|gat, der
Spa|ghet|ti, die
auch: die Spa|get|ti

spal|ten
sie spal|tet
der Spalt, die Spal|te
Span, der
die Spä|ne
Span|ge, die
die Span|gen

➜ **Sonntag/sonntags**

Großschreibung
der Sonntag
am Sonntag
jeden Sonntag
am Sonntagmittag

Kleinschreibung
sonntags
sonntagmittags

A B C D E F G H I J K L M N O P Qu R **S** T U V W X Y Z

spar|sam
spar|sa|mer,
am spar|sams|ten

Spaß, der
die Spä|ße
Spaß ma|chen
spa|ßen, spa|ßig

spät
spä|ter,
am spä|tes|ten
zu spät
spä|tes|tens
sich ver|spä|ten

Spa|ten, der
die Spa|ten

Spatz, der
die Spat|zen

spa|zie|ren
spa|zie|ren ge|hen
der Spa|zier|gang

Specht, der
die Spech|te

Speer, der
die Spee|re

Spei|che, die
die Spei|chen

Spei|cher, der
die Spei|cher
spei|chern, spei|chert,
ge|spei|chert

Spek|ta|kel, das
sie machen Spektakel (Lärm)

spen|den
die Spen|de

Sper|ling, der
die Sper|lin|ge

sper|ren
die Polizei sperrt die Straße

Spie|gel, der
die Spie|gel
das Spie|gel|bild
spie|geln, spie|gelt

Spiel, das
die Spie|le
das Spiel|zeug
spie|len, *sie spielt mit*

Spi|nat, der

Spin|ne, die
die Spin|nen
die Spinne spinnt ein Netz

spin|nen
sie spinnt, spann,
hat ge|spon|nen
spinnst du?
spitz
spit|zer, am spit|zes|ten
die Spit|ze, die Spit|zen
das ist spitze (sehr gut)!
spon|tan
sie tat das ganz
spontan (von selbst)
Sport, der
der Sport|ler,
die Sport|ler,
die Sport|le|rin
sport|lich, sport|li|cher,
am sport|lichs|ten
spot|ten
sie spot|tet
der Spott, spöt|tisch
Spra|che, die
die Spra|chen
sprach|los
die Fremd|spra|che

spre|chen
sie spricht, sprach,
hat ge|spro|chen
der Spre|cher,
die Spre|che|rin
Sprich|wort, das
die Sprich|wör|ter
sprin|gen
er springt, sprang,
ist ge|sprun|gen
Sprit|ze, die
die Sprit|zen
sprit|zen
es spritzt
Spruch, der
die Sprü|che
Spru|del, der
das Spru|del|was|ser
sprü|hen
es sprüht
der Sprüh|re|gen
Sprung, der
die Sprün|ge
das Sprung|brett
Spu|cke, die
spu|cken, sie spuckt

Spuk, der
spu|ken, es spukt,
hat ge|spukt
in dem alten Schloss
spukt es
spü|len
er spült das Geschirr
die Spü|le
die Spül|ma|schi|ne
Spur, die
die Spu|ren
spü|ren, spürt
der Spür|hund
spu|ten
er sputet sich (beeilt
sich)

St/st

Staat, der
die Staa|ten
Stab, der
die Stä|be
stach → stechen

Sta|chel, der
die Sta|cheln
die Sta|chel|bee|re

sta|che|lig
Sta|di|on, das
die Sta|di|en
Stadt, die
die Städ|te
der Stadt|plan
Staf|fel, die
die Staf|feln
der Staf|fel|lauf
stahl → stehlen
Stall, der
die Stäl|le
Stamm, der
die Stäm|me
stam|men, stammt
sie stammt aus Berlin
(wurde dort geboren)
stand → stehen
Stand, der
die Stän|de
der Stand|punkt
stän|dig
du störst ständig
(immerzu)

Stan|ge, die
die Stan|gen
Stän|gel, der
die Stän|gel
stank
→ stinken
stap|fen
er stapft durch den Schnee
Star, der
die Sta|re

Star, der
(berühmte Person)
die Stars

starb → sterben
stark
stär|ker, am stärks|ten
der Star|ke, die Stär|ke
er hat starke Muskeln
sie stärkt sich mit einer Banane
starr
er ist starr vor Angst
star|rer, am starrs|ten
star|ren
sie starrt mich mit großen Augen an
Start, der
die Starts
star|ten, star|tet, ge|star|tet
Sta|ti|on, die
die Sta|ti|onen
statt
statt|fin|den
sie kommt statt (anstelle von) ihrer Schwester
Stau, der
die Staus
der Stau|damm
sich stau|en
Staub, der
stau|big, stau|bi|ger, am stau|bigs|ten
Stau|de, die
die Stau|den
stau|nen
sie staunt
ste|chen
sie sticht, stach, hat ge|sto|chen

ste|cken
der Schlüssel steckt
ste|cken blei|ben
ste|cken las|sen
der Ste|cker
ste|hen
sie steht, stand,
hat ge|stan|den
alle müssen stehen bleiben
steh|len
er stiehlt, stahl,
hat ge|stoh|len
steif
steifer, am steifs|ten
stei|gen
sie steigt, stieg,
ist ge|stie|gen
die Stei|gung
steil
stei|ler,
am steils|ten
Stein, der
die Stei|ne
die Stein|zeit

Stel|le, die
die Stel|len
stel|len
sie stellt sich in die erste Reihe
die Stel|lung
Stel|ze, die
die Stel|zen
sie möchte gern Stelzen laufen

Stem|pel, der
die Stem|pel
stem|peln, stem|pelt
ster|ben
er stirbt, starb,
ist ge|stor|ben
Ste|reo
die Ste|reo|an|la|ge
Stern, der
die Ster|ne

stets
sie schreibt stets (immer) gute Texte
Steu|er, das
das Steu|er|rad
Stich, der
die Sti|che
sti|cken
sie stickt
das Stick|garn

Sti|cker, der
die Sti|cker
Stie|fel, der
die Stie|fel
Stief|müt|ter|chen, das
die Stief|müt|ter|chen
stieg → steigen
Stiel, der
die Stie|le
Stier, der
die Stie|re
stieß → stoßen
Stift, der
die Stif|te
still
stil|ler, am stills|ten
die Stil|le
Stim|me, die
die Stim|men
stim|men
das stimmt nicht
sie stimmt die Gitarre
die Stim|mung
stin|ken
es stinkt, stank,
hat ge|stun|ken
Stirn, die
die Stir|nen
Stock, der
die Stö|cke
Stock|werk, das
die Stock|wer|ke
Stoff, der
die Stof|fe
stöhnen
sie stöhnt über die
schwere Aufgabe
stol|pern
er stol|pert
der Stol|per|stein
stolz
stol|zer, am stol|zes|ten
der Stolz
stop|fen
sie stopft
Stopp, der
die Stopps
das Stopp|schild
stop|pen, stoppt
Stöp|sel, der
die Stöp|sel
Storch, der
die Stör|che

stö|ren
er stört
die Stö|rung

A B C D E F G H I J K L M N O P Qu R S T U V W X Y Z

stör|risch
störrisch (trotzig) wie ein Esel

sto|ßen
sie stößt, stieß,
hat ge|sto|ßen
der Stoß

stot|tern
er stot|tert

Stra|fe, die
die Stra|fen
stra|fen, straft
sie wird bestraft

Strand, der
die Strän|de

Stra|ße, die
die Stra|ßen
die Stra|ßen|bahn

Strauch, der
die Sträu|cher

Strauß, der
die Sträu|ße

Stre|ber, der
die Stre|ber,
die Stre|be|rin
stre|ben

Stre|cke, die
die Stre|cken
stre|cken
sie streckt sich

strei|cheln
sie strei|chelt

strei|chen
er streicht, strich,
hat ge|stri|chen
das Streich|holz

Strei|fen, der
die Strei|fen
ge|streift

Streit, der
strei|ten, sie strei|tet,
stritt, hat ge|strit|ten

streng
stren|ger,
am strengs|ten

Stress, der
stres|sig

streu|en
sie streut
die Streu

Strich, der
die Stri|che

stri|cken
er strickt

strie|geln
sie striegelt ihr Pferd
der Strie|gel
stritt → streiten
Stroh, das
der Stroh|halm
Strom, der
die Strö|me
strö|men, strömt
der Strom in der Lichtleitung
der Rhein ist ein Strom (großer Fluss)
Stro|phe, die
die Stro|phen
die Strophen des Gedichts
Strumpf, der
die Strümp|fe
Stu|be, die
die Stu|ben
Stück, das
die Stü|cke
das Stück|chen
Stu|fe, die
die Stu|fen
stu|fig
Stuhl, der
die Stüh|le
stumm
sie bleibt stumm (spricht nicht)
stumpf
ein stumpfes Messer
Stun|de, die
die Stun|den
der Stun|den|plan
stünd|lich
stur
die Stur|heit
Sturm, der
die Stür|me
stür|men, es stürmt
stür|misch
Sturz, der
die Stür|ze
stür|zen
sie stürzt,
stürz|te, ist ge|stürzt
Stu|te, die
die Stu|ten
stüt|zen
er stützt sich ab

A B C D E F G H I J K L M N O P Qu R S T U V W X Y Z

S/s

Sub|jekt, das
(Satzgegenstand)

su|chen
er sucht
die Su|che
die Su|che|rei

Sü|den, der
süd|lich, süd|li|cher,
am süd|lichs|ten

Sum|me, die
die Sum|men

sum|men
sie summt
sie summt ein Lied vor sich hin

Sumpf, der
die Sümp|fe

su|per
das ist super!
der Su|per|markt

Sup|pe, die
die Sup|pen

sur|fen
sie surft
auf dem Surfbrett surfen
im Internet surfen

süß
sü|ßer, am sü|ßes|ten
süß|lich
die Sü|ßig|kei|ten

Sym|bol, das
die Sym|bo|le

sym|pa|thisch
die Sym|pa|thie
sie ist mir sympathisch (ich mag sie)

Sze|ne, die
die Sze|nen
sie spielen eine Szene (ein kleines Theater-stück) vor

T/t

Ta|bel|le, die
die Ta|bel|len
Ta|blet|te, die
die Ta|blet|ten
Ta|del, der
die Ta|del
ta|deln, er ta|delt
Ta|fel, die
die Ta|feln
Tag/tags ➜
der Tag,
die Ta|ge
tags|über
Takt, der
die Tak|te
Tal, das
die Tä|ler
Ta|lent, das
die Ta|len|te
Talk|show, die
die Talk|shows
Tank, der
die Tanks
tan|ken, sie tankt
Tan|ne, die
die Tan|nen
der Tan|nen|baum
der Tan|nen|zap|fen

Tan|te, die
die Tan|ten
Tanz, der
die Tän|ze
tan|zen, sie tanzt
Ta|pe|te, die
die Ta|pe|ten

➜ **Tag/tags**

Großschreibung
am Tage
eines Tages
am heutigen Tag
es wird Tag
guten Tag
drei Tage lang

Kleinschreibung
tagaus, tagein
tagelang
tagsüber
ganztags

A B C D E F G H I J K L M N O P Qu R S T U V W X Y Z

tap|fer
tap|fe|rer,
am tap|fers|ten

Tar|nung, die
die Tar|nun|gen
er tarnt sich

Ta|sche, die
die Ta|schen
das Ta|schen|geld

Tas|se, die
die Tas|sen

Tas|ta|tur, die
die Tas|ta|tu|ren

Tas|te, die
die Tas|ten
sie tastet sich im Dunkel voran

tat → tun

Tat, die
die Ta|ten
die Tä|tig|keit
tä|tig

Tat|ze, die
die Tat|zen

Tau, das
die Taue (Seile)

Tau, der
die Tau|trop|fen

taub
bist du taub?

Tau|be, die
die Tau|ben

tau|chen
sie taucht
der Tau|cher,
die Tau|che|rin

tau|en
morgens taut es

Tau|fe, die
die Tau|fen
tau|fen, tauft

tau|gen
das taugt nichts (ist nichts wert)

tau|schen
er tauscht
der Tausch

täu|schen
sie täuscht sich

tausend/Tausend →

Ta|xi, das
die Ta|xis

Team, das
die Teams
wir sind ein gutes Team (Mannschaft)

Tech|nik, die
die Tech|ni|ken
tech|nisch

Ted|dy, der
die Ted|dys
der Ted|dy|bär

Tee, der
die Tees

Teich, der
die Tei|che

Teig, der
die Tei|ge

Teil, der
auch: das Teil
die Tei|le
tei|len, sie teilt

Te|le|fon, das
die Te|le|fo|ne
te|le|fo|nie|ren
te|le|fo|nisch

Tel|ler, der
die Tel|ler

Tem|pe|ra|tur, die
die Tem|pe|ra|tu|ren

Tem|po, das
die Tem|pos
mit hohem Tempo (Geschwindigkeit)

Ten|nis, das
Ten|nis spie|len
der Ten|nis|ball

Tep|pich, der
die Tep|pi|che

→ **tausend/Tausend**

Kleinschreibung
bis tausend zählen
vor tausend Jahren
tausend Tiere
tausendfach

Großschreibung
die Zahl Tausend

Klein- oder Großschreibung
viele tausend/Tausend Menschen

Mit Zahl oder ausgeschrieben
tausendjährig – 1000-jährig
tausendmal – 1000-mal

A B C D E F G H I J K L M N O P Qu R S T U V W X Y Z

Ter|min, der
die Ter|mi|ne
Ter|ra|ri|um, das
die Ter|ra|ri|en
Ter|ras|se, die
die Ter|ras|sen
Test, der
die Tests
tes|ten, er tes|tet
teu|er
teu|rer, am teu|ers|ten
Teu|fel, der
die Teu|fel
teuf|lisch
Text, der
die Tex|te
The|ater, das
die The|ater
The|ma
die The|men
Ther|mo|me|ter, das
die Ther|mo|me|ter
Thron, der
die Thro|ne
Tick, der
die Ticks
einen kleinen Tick haben

ti|cken
die Uhr tickt
Ti|cket, das
die Ti|ckets
tief
tie|fer, am tiefs|ten
die Tie|fe
Tie|gel, der
die Tie|gel
Tier, das
die Tie|re
tie|risch, tier|lieb
Ti|ger, der
die Ti|ger

Tin|te, die
die Tin|ten
Ti|pi, das
die Ti|pis (Zelte)

Tipp, der
die Tipps
tip|pen
sie tippt
der Tipp|zet|tel
tip|peln
er tippelt durch den Flur (geht in kleinen Schritten)

Tisch, der
die Ti|sche
Toast, der
das Toast|brot
der Toas|ter
toas|ten
to|ben
sie tobt
die To|be|rei
Toch|ter, die
die Töch|ter
Tod, der
tod|krank, tod|ernst
sie ist todmüde (sehr müde)
töd|lich ver|letzt
aber: tot
Toi|let|te, die
die Toi|let|ten
toll
tol|ler, am tolls|ten
Toll|patsch, der
die Toll|patsche
er stellt sich tollpatschig (ungeschickt) an
To|ma|te, die
die To|ma|ten

Tom|bo|la, die
die Tom|bo|las
(Verlosung)
Ton, der
die Tö|ne
Ton|ne, die
die Ton|nen
die Müll|ton|ne
top (sehr gut)
der Top|star
sie ist topfit (gesund)
Topf, der
die Töp|fe
Tor, das
die To|re
der Tor|wart
Tor|nis|ter, der
die Tor|nis|ter
Tor|te, die
die Tor|ten

Tor|tel|li|ni, die
tot
tot sein
der To|te
tö|ten, tö|tet
wir haben uns fast totgelacht
aber: Tod

A B C D E F G H I J K L M N O P Qu R S T U V W X Y Z

to|tal
er ist total (ganz und gar) verrückt

Tou|rist, der
die Tou|ris|ten

tra|ben
das Pferd trabt
der Trab

traf → treffen

tra|gen
er trägt, trug,
hat ge|tra|gen

Trai|ner, der
die Trai|ner,
die Trai|ne|rin
der Trai|nings|an|zug
trai|nie|ren,
sie trai|niert

Trak|tor, der
die Trak|to|ren

tram|peln
er tram|pelt

Trä|ne, die
die Trä|nen
die Augen tränen

trank → trinken

Trans|pa|rent, das
die Trans|pa|ren|te
trans|pa|rent (durchsichtig)

Trans|port, der
die Trans|por|te
trans|por|tie|ren

trat → treten

Trau|be, die
die Trau|ben

trau|en
sie traut sich etwas

Trau|er, die
die Trau|rig|keit

trau|ern
er trau|ert

Traum, der
die Träu|me

träu|men
er träumt

trau|rig
trau|ri|ger,
am trau|rigs|ten

Tre|cker, der
die Tre|cker

tref|fen
sie trifft, traf,
hat ge|trof|fen
der Treff|punkt

trei|ben
er treibt, trieb,
hat ge|trie|ben

tren|nen
sie trennt sich von ihm (verlässt ihn)
die Tren|nung

Trep|pe, die
die Trep|pen

tre|ten
sie tritt, trat,
hat ge|tre|ten

treu
treu|er, am treu|es|ten
die Treue

Trick, der
die Tricks

trie|fen
es trieft, trief|nass
er trieft vor Nässe

trin|ken
er trinkt, trank,
hat ge|trun|ken
das Trink|was|ser

trip|peln
sie trip|pelt
(geht in kleinen Schritten)

Tritt, der
die Trit|te

tro|cken
tro|cke|ner,
am tro|ckens|ten
trock|nen, es trock|net

trö|deln
sie trödelt (bummelt)

Trom|mel, die
die Trom|meln
trom|meln, er trom|melt

Trom|pe|te, die
die Trom|pe|ten

Trop|fen, der
die Trop|fen
tröp|feln, es tröp|felt
trop|fen, es tropft

trös|ten
er tröstet sie
der Trost
tröst|lich

Trotz, der
trot|zen,
sie trotzt
trot|zig

A B C D E F G H I J K L M N O P Qu R S T U V W X Y Z

trotz
trotz des Regens gehen sie spazieren
trotz|dem
trüb
trü|ber, am trübs|ten
be|trübt
Tru|bel, der
trug → tragen
Tru|he, die
die Tru|hen
tschüs
auch: tschüss
Tschüs sagen
T-Shirt, das
die T-Shirts
Tu|be, die
die Tu|ben
Tuch, das
die Tü|cher
tüch|tig
tüch|ti|ger,
am tüch|tigs|ten
Tul|pe, die
die Tul|pen

tum|meln
er tummelt sich (beeilt sich)
das Ge|tüm|mel

Tüm|pel, der
die Tüm|pel
tun
du tust,
sie tut, tat, hat ge|tan
Tun|nel, der
die Tun|nel
auch: die Tun|nels
Tup|fen, der

das Kleid hat rosa Tupfen
Tüpfel|chen, ge|tupft
Tür, die
die Tü|ren
Tür|kei, die
tür|kisch, die Tür|ken
tür|kis

ein türkises Kleid (blaugrün)
Turm, der

die Tür|me
tur|nen
sie turnt
der Tur|ner,
die Tur|ne|rin
die Turn|hal|le
die Turn|schu|he

Tur|nier, das
die Tur|nie|re
das Fuß|ball|tur|nier
Tu|sche, die
die Tu|schen
der Tusch|kas|ten
tu|schen, sie tuscht
tu|scheln
er tuschelt ihr etwas zu (flüstern)
das Ge|tu|schel

Tü|te, die
die Tü|ten
tu|ten
es tu|tet, die Tu|te
twit|tern
sie twit|tert
Typ, der
die Ty|pen
ty|pisch

U/u

U-Bahn, die
die U-Bah|nen
(kurz für: Un|ter|grund|bahn)
übel
üb|ler, am übels|ten
mir ist übel (schlecht)
üben
sie übt
die Übung,
die Übun|gen
über
über al|lem
über Nacht
über|all
über|an|stren|gen
sie hat sich beim Sport überanstrengt
über|ar|bei|ten
Über|blick, der
etwas über|bli|cken
über|ein|ander
über|ein|stim|men
über|fah|ren

A B C D E F G H I J K L M N O P Qu R S T U V W X Y Z

Über|fahrt, die
eine Überfahrt mit dem Schiff
über|fal|len → fallen
der Über|fall
über|haupt
über|ho|len
er überholt alle
über|hö|ren
sie überhört etwas
über|le|gen
er überlegt sich das noch
die Über|le|gung
über|mor|gen
Über|mut, der
über|mü|tig
über|que|ren
sie überquert die Straße
über|ra|schen
das überrascht mich
die Über|ra|schung
über|ra|schend
Über|schrift, die
die Über|schrif|ten
über|schwem|men
über|schwemmt
die Über|schwem|mung
über|se|hen
Über|sicht, die
über|trei|ben
sie übertreibt ein bisschen
die Über|trei|bung
Über|weg, der
die Über|we|ge
über|zeu|gen
sie über|zeugt sich
die Über|zeu|gung
üb|lich
üb|rig
üb|ri|gens
Übung, die
die Übun|gen
Ufer, das
die Ufer
Uhr, die
die Uh|ren
die Uhr|zeit
acht Uhr, um 8 Uhr
Uhu, der
die Uhus

ul|kig
das ist ulkig (spaßig)
um
um das Haus herum

um|ar|men
sie um|armt
die Um|ar|mung

um|dre|hen
er dreht sich um
um|ein|an|der
sie kümmern sich umeinander
um|fal|len
sie fällt um,
fiel um,
ist um|ge|fal|len
Um|fang, der
das Buch hat einen Umfang von 160 Seiten
Um|ge|bung, die
um|her
um|her|ge|hen
um|keh|ren
sie kehrt um
um|kip|pen
das Glas kippt um
um|klei|den
er kleidet sich um
Um|laut, der
die Um|lau|te (ä, ö, ü)
ums
er geht ums (um das)Haus herum
um|so
um|so mehr
um|sonst
Um|weg, der
die Um|we|ge
Um|welt, die
der Um|welt|schutz
um|zie|hen
sie zieht sich um
Um|zug, der
die Um|zü|ge
er zieht um
un|an|ge|nehm
un|be|dingt
du musst unbedingt (auf jeden Fall) kommen
un|be|kannt
un|be|stimmt
und
un|ent|schie|den
das Spiel endete unentschieden

un|fair
(ungerecht)
Un|fall, der
die Un|fäl|le
un|freund|lich
un|freund|li|cher,
am un|freund|lichs|ten
Un|fug, der
ihr macht Unfug
(dumme Sachen)
un|ge|dul|dig
un|ge|fähr
un|ge|recht
die Un|ge|rech|tig|keit
Un|ge|tüm, das
die Un|ge|tü|me
(Ungeheuer)
Un|glück, das
un|glück|lich
un|gül|tig
un|heim|lich
un|heim|li|cher,
am un|heim|lichs|ten
un|klar
Un|kraut, das
un|le|ser|lich
un|mög|lich
un|nö|tig
un|nütz
Un|recht, das
Un|ru|he, die
un|ru|hig
uns
un|ser, un|se|re
Un|schuld, die
un|schul|dig
un|si|cher
Un|sinn, der
un|sin|nig
un|ten
hier un|ten
un|ter
sie steht unter
dem Baum
sie stellt sich unter
den Baum
un|ter|brechen
unterbrich mich nicht!
Un|ter|füh|rung, die
die Un|ter|füh|run|gen
un|ter|hal|ten
er un|ter|hält sich,
un|ter|hielt sich,
hat sich un|ter|hal|ten
die Un|ter|hal|tung

Un|ter|hemd, das
die Un|ter|hem|den
Un|ter|ho|se, die
die Un|ter|ho|sen
Un|ter|richt, der
un|ter|rich|ten,
sie un|ter|rich|tet
un|ter|schei|den
der Un|ter|schied
un|ter|schied|lich
Un|ter|schen|kel, der
die Un|ter|schen|kel
un|ter|schrei|ben
sie hat den Brief unterschrieben
Un|ter|schrift, die
die Un|ter|schrif|ten
un|ter|strei|chen
sie hat die Wörter unterstrichen
un|ter|su|chen
der Kranke wird untersucht
die Un|ter|su|chung
un|ter|wegs
un|ver|ständ|lich
un|zu|frie|den
Up|date, das
die Up|dates
Ur|groß|mut|ter, die
die Ur|groß|müt|ter
Ur|groß|va|ter, der
die Ur|groß|vä|ter
Ur|kun|de, die
die Ur|kun|den
Ur|laub, der
die Ur|lau|be
die Ur|lau|ber
Ur|sa|che, die
die Ur|sa|chen
Ur|teil, das
die Ur|tei|le
ur|tei|len, er ur|teilt
Ur|wald, der
die Ur|wäl|der
Ur|zeit|mensch, der
die Ur|zeit|men|schen
USA, die
(*kurz für:* United States of America, Vereinigte Staaten von Amerika)
usw.
kurz für: und so weiter
UV-Strah|len, die
kurz für: Ultraviolett-strahlen

V/v

Vam|pir, der
die Vam|pi|re
Va|nil|le, die
der Va|nil|le|pud|ding
Va|se, die
die Va|sen
Va|ter, der
die Vä|ter, vä|ter|lich
Veil|chen, das
die Veil|chen

Ven|til, das
die Ven|ti|le
ver|ab|re|den
er verabredet sich
die Ver|ab|re|dung
ver|ab|schie|den
sie verabschiedet sich
die Ver|ab|schie|dung
Verb, das
(Tätigkeitswort, Tunwort)
die Ver|ben
Ver|band, der
die Ver|bän|de
ver|bes|sern
er verbessert den Text
die Ver|bes|se|rung
ver|bie|ten
er ver|bie|tet, ver|bot, hat ver|bo|ten
ver|bin|den
sie ver|bin|det, ver|band, hat ver|bun|den
die Ver|bin|dung
Ver|bot, das
die Ver|bote
ver|bo|ten
das ist verboten
ver|brau|chen
er ver|braucht
der Ver|brau|cher, die Ver|brau|che|rin
der Ver|brauch
ver|bren|nen
ver|brannt
ver|däch|ti|gen
er verdächtigt mich
ver|der|ben
es ver|dirbt, ver|darb, *das ist verdorben (schlecht geworden)*

ver|dop|peln
ver|dop|pelt
ver|duns|ten
es ver|duns|tet
Ver|ein, der
die Ver|ei|ne
ver|ei|nen, ver|eint
ver|ges|sen
sie ver|gisst, ver|gaß,
hat ver|ges|sen
ver|gess|lich
Ver|gif|tung, die
die Ver|gif|tun|gen
ver|gif|ten, ver|gif|tet
Ver|giss|mein|nicht, das

ver|glei|chen
sie ver|gleicht, ver|glich,
hat ver|gli|chen
der Ver|gleich
ver|gnü|gen
er vergnügt sich
das Ver|gnü|gen
ver|hal|ten
er verhält sich richtig
das Ver|hal|ten
ver|ir|ren
er verirrt sich

ver|kau|fen
sie ver|kauft
der Ver|kauf
der Ver|käu|fer,
die Ver|käu|fe|rin
Ver|kehr, der
die Ver|kehrs|re|geln
das Ver|kehrs|schild
ver|kehrt
ver|kehrt he|rum
ver|klei|den
er verkleidet sich
die Ver|klei|dung
ver|las|sen
sie verlässt sich auf ihn
er fühlt sich verlassen
ver|lau|fen
sie verläuft sich
ver|lei|hen
er verleiht sein Buch
ver|let|zen
sie verletzt sich an der Hand
die Ver|let|zung
ver|lie|ben
sich ver|lie|ben
sie hat sich verliebt

ver|lie|ren
sie ver|liert, ver|lor,
hat ver|lo|ren

ver|mis|sen
er vermisst sie

ver|mu|ten
er ver|mu|tet
die Ver|mu|tung
das stimmt vermutlich (wahrscheinlich)

ver|pa|cken
ver|packt
die Ver|pa|ckung

ver|pas|sen
sie verpasst den Bus

ver|pet|zen
er hat mich verpetzt

ver|ra|ten
er ver|rät, ver|riet,
hat ver|ra|ten

ver|rech|nen
er ver|rech|net sich

ver|rei|sen
sie ver|reist

ver|ren|ken
er hat sich die Schulter verrenkt

ver|rückt

Vers, der
die Verse (Zeilen) des Gedichts

ver|säu|men
sie versäumt (verpasst) den Zug

ver|schie|den
ver|schie|den|ar|tig
etwas ganz Verschiedenes

ver|schla|fen
er ver|schläft

ver|schlu|cken
sie hat sich verschluckt

ver|schmut|zen
es ist alles verschmutzt

ver|schwin|den
sie ver|schwin|det,
ver|schwand,
ist ver|schwun|den

Ver|se|hen, das
das habe ich aus Versehen getan

ver|set|zen
er wurde versetzt

ver|söh|nen
er versöhnt sich mit ihr
die Ver|söh|nung
ver|spä|ten
er verspätet sich
die Ver|spä|tung
ver|spre|chen
sie ver|spricht,
ver|sprach,
hat ver|spro|chen
das Ver|spre|chen
Ver|stand, der
das Ver|ständ|nis
ver|ständ|lich
sie verständigen sich
ver|ste|cken
sie ver|steckt sich
das Ver|steck
sie spielen Verstecken
ver|ste|hen
er ver|steht, ver|stand,
hat ver|stan|den
ver|su|chen
er ver|sucht es
der Ver|such
ver|tei|di|gen
sie ver|tei|digt sich
die Ver|tei|di|gung

ver|tei|len
sie verteilt Geschenke
ver|tra|gen
er verträgt sich wieder mit ihr
Ver|trau|en, das
ver|trau|en, ver|traut
ver|wandt
der Ver|wand|te,
die Ver|wand|ten
die Ver|wandt|schaft
ver|wech|seln
sie verwechselt etwas
die Ver|wechs|lung
ver|wel|ken
die Blumen sind verwelkt
ver|wen|den
er hat etwas verwendet
die Ver|wen|dung
ver|wöh|nen
sie verwöhnt ihn
er ist verwöhnt
Ver|zeich|nis, das
die Ver|zeich|nis|se
das In|halts|ver|zeich|nis

A B C D E F G H I J K L M N O P Qu R S T U V W X Y Z

ver|zei|hen
sie ver|zeiht, ver|zieh,
hat ver|zie|hen

Ver|zei|hung, die
ich bitte dich um Verzeihung (Entschuldigung)

ver|zie|ren
sie verziert den Text
die Ver|zie|rung

Vi|deo|film, der
die Vi|deo|fil|me
der Vi|deo|re|kor|der

Vieh, das

viel
mehr, am meis|ten

viel|leicht

vier/Vier ➜
vier|zehn, vier|zig,
vier|hun|dert

vio|lett
sie trägt ein violettes T-Shirt

Vi|ta|min, das
die Vi|ta|mi|ne

Vo|gel, der
die Vö|gel
das Vo|gel|haus

Vo|ka|bel, die
die Vo|ka|beln

Vo|kal, der (Selbstlaut)
die Vo|ka|le

Volk, das
die Völ|ker
das Volks|lied

➜ **vier/Vier**

Kleinschreibung
vier Jahre alt sein
vier mal zwei
es ist halb vier
viertens

Großschreibung
die Zahl Vier
eine Vier schreiben
eine Vier im Zeugnis
er wurde Vierter

Mit Zahl oder ausgeschrieben
vierjährig – 4-jährig
viermal – 4-mal
am vierten *oder* 4. Mai

voll
voll|ler, am volls|ten
ich bin voll zufrieden
voll|kom|men
voll|stän|dig
Vol|ley|ball, der
die Vol|ley|bäl|le
völ|lig
du hattest völlig recht
vom
das kommt vom (von dem) starken Regen
von
von mir aus
vor
vor al|lem
vo|ran
vo|ran|kom|men
vo|raus
vo|raus|ge|hen
vor|bei
vor|bei|ge|hen
Vor|bild, das
die Vor|bil|der
vor|bild|lich
Vor|der|rad, das
die Vor|der|rä|der
vor|drän|geln
er drängelt sich vor
Vor|fahrt, die
vor|ges|tern
Vor|hang, der
die Vor|hän|ge
vor|her
vor|hin
vo|rig
das vorige Mal
vor|kom|men
das kommt vor (kann passieren)
vor|läu|fig
ich arbeite vorläufig (erst einmal) mit einem geliehenen Buch
vor|le|sen
er liest vor, las vor, hat vor|ge|le|sen
vorm
er steht vorm (vor dem) Haus
vor|ma|chen
er macht es vor

A B C D E F G H I J K L M N O P Qu R S T U V W X Y Z

Vormittag/
vormittags ➜
der Vor|mit|tag,
die Vor|mit|ta|ge
vor|mit|tags

vorn
auch: vor|ne
komm bitte nach vorn

Vor|na|me, der
die Vor|na|men

vors
sie ging vors (vor das) Haus

Vor|schlag, der
die Vor|schlä|ge
vor|schla|gen

vor|se|hen
sieh dich vor!

Vor|sicht, die
vor|sich|tig

vor|stel|len
sie stellt sich vor
die Vor|stel|lung

Vor|teil, der
die Vor|tei|le

vo|rü|ber

vor|wärts

Vul|kan, der
die Vul|ka|ne

➜ **Vormittag/**
vormittags

Großschreibung
am Vormittag
jeden Vormittag
heute Vormittag
der Dienstagvormittag

Kleinschreibung
vormittags
dienstagvormittags

W/w

Waa|ge, die
die Waa|gen
sie wiegt sich auf einer Waage
waa|ge|recht

wach
wach blei|ben
wach sein
wach|sam
sie wacht auf

Wachs, das
die Wachs|ker|ze

wach|sen
sie wächst, wuchs, ist ge|wach|sen

wa|ckeln
er wa|ckelt
wa|cke|lig

Wa|de, die
die Wa|den

Waf|fel, die
die Waf|feln

wa|gen
sie wagt
wer wagt, gewinnt
das Wag|nis

Wa|gen, der
die Wa|gen

Wag|gon, der
die Wag|gons

Wahl, die
die Wah|len
wäh|len, sie wählt

wahr
wahr sein
wahr|schein|lich
die Wahr|heit

wäh|rend
während der Ferien
wäh|rend|des|sen

Wai|se, die
die Wai|sen
das Wai|sen|haus

Wal, der
die Wa|le

Wald, der
die Wäl|der

Wall, der
die Wäl|le

Wal|nuss, die
die Wal|nüs|se

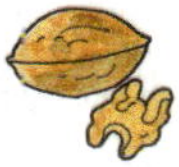

Wand, die
die Wän|de

wan|dern
er wan|dert
die Wan|de|rung

Wan|ge, die
die Wan|gen
sie hat rote Wangen (Backen)

wann
wann kommst du?

Wan|ne, die
die Wan|nen
die Ba|de|wan|ne

war → sein
ich war, du warst,
er, sie, es war,
sie waren, ihr wart

wä|re
ich wä|re froh da|rüber

Wa|re, die
die Wa|ren
das Wa|ren|haus

warf → werfen

warm
wär|mer, am wärms|ten
sich wär|men
die Wär|me

war|nen
ich warne dich!
sie warnt
die War|nung
das Warn|schild

war|ten
sie war|tet
das War|te|zim|mer

wa|rum

War|ze, die
die War|zen

was
was ist los?

wa|schen
du wäschst,
er wäscht, wusch,
hat ge|wa|schen
die Wä|sche
die Wä|sche|rei
die Wasch|ma|schi|ne

Was|ser, das
die Was|ser
der Was|ser|hahn

Wat|te, die

we|ben
die Spinne webt ein Netz

Web|site, die
die Web|sites
wech|seln
sie wech|selt
sie wechseln sich ab
we|cken
er weckt
auf|we|cken
der We|cker
we|deln
der Hund wedelt mit dem Schwanz
we|der
weder . . . noch
weg
sie ist weg
Weg, der
die We|ge
we|gen
mei|net|we|gen
von we|gen
wegen des Regens
weg|fal|len → fallen
weg|ge|hen → gehen
weg|lau|fen → laufen
weg|neh|men → nehmen
weg|wer|fen → werfen
we|he
wehe, du tust mir etwas!
we|hen
es weht
die Schnee|we|he
weh|ren
sie wehrt sich
weh|tun
es tut weh,
tat weh,
hat weh|ge|tan
je|man|dem weh|tun
weich
wei|cher,
am weichs|ten
Wei|de, die
die Wei|den
das Wei|den|kätz|chen

Weih|nach|ten
das Weih|nachts|fest
weih|nacht|lich
weil
Wei|le, die
die Lan|ge|wei|le
sich lang|wei|len

wei|nen
sie weint
wei|ner|lich
wei|sen
er weist, wies,
sie hat ihm den Weg gewiesen (gezeigt)
der Weg|wei|ser
weiß → wissen
weiß/Weiß →
weit
wei|ter, am wei|tes|ten
weit und breit
die Wei|te
wei|ter
wei|ter|fah|ren → fahren
wei|ter|ge|hen → gehen
Wei|zen, der

welch
welch ein, welch ei|ne, wel|cher, wel|che, wel|ches
welk
wel|ken, welkt
die Blumen sind welk (trocken)
Wel|le, die
die Wel|len
Welt, die
die Wel|ten
der Welt|raum
welt|be|rühmt
wem
Wemfall, der (Dativ)
wen
wen|den
er wen|det
sie wendet sich ab

→ **weiß/Weiß**

Kleinschreibung
mein T-Shirt ist weiß
mein weißes T-Shirt
weiß gestreift, *auch:* weißgestreift
weißhaarig
etwas weiß anmalen

Großschreibung
die Farbe Weiß
das Weiß der Wolken
ganz in Weiß

Wenfall, der
(Akkusativ)
we|nig
we|ni|ger,
am we|nigs|ten
we|nigs|tens
wenn
wer
Wer|bung, die
wer|ben, wirbt,
ge|wor|ben
wer|den
ich wer|de, du wirst,
sie wird, wur|de,
ist ge|wor|den
Werfall, der
(Nominativ)
wer|fen
du wirfst, er wirft,
warf, hat ge|wor|fen
Werk, das
die Wer|ke
wert
wert sein
Wert, der
die Wer|te
Wesfall, der
(Genitiv)
wes|halb
weshalb (warum) weinst du?
Wes|pe, die

die Wes|pen
der Wes|pen|stich
wes|sen
Wes|ten, der
west|lich,
west|li|cher,
am west|lichs|ten
wes|we|gen
Wet|te, die
die Wet|ten
wet|ten
sie wet|tet
Wet|ter, das
die Wet|ter
der Wet|ter|be|richt
Wicht, der

die Wich|te
die Wich|tel
wich|tig
wich|ti|ger,
am wich|tigs|ten
wi|ckeln
sie wi|ckelt

wi|der (gegen) →
wie
wie geht es dir?
wie viel, wie vie|le
wie|der →
(noch ein|mal)
wie|der|kom|men
→ kommen
wie|der|se|hen →
wie|gen
er wiegt, wog,
er hat sich auf der Waage gewogen
aber: sie wiegte,
sie hat das Baby in der Wiege gewiegt
wie|hern
das Pferd wiehert
Wie|se, die
die Wie|sen

wie|so
wild
wil|der, am wil|des|ten
das Wild, die Wild|nis
will → wollen
Wil|le, der
will|kom|men
herzlich willkommen
aber: ein herzliches Willkommen
Wim|pel, der
die Wim|pel

→ **wider**
(gegen)

widerlich
widersprechen
widerstehen
erwidern
widerspiegeln
der Widerstand

→ **wieder**
(noch einmal)

immer wieder
nie wieder
schon wieder
wiederkommen
das Wiedersehen
Auf Wiedersehen

Wim|per, die
die Wim|pern
Wind, der
die Win|de
die Wind|kraft|an|la|ge
die Wind|müh|le
win|dig
win|di|ger,
am win|digs|ten
Win|kel, der
die Win|kel
der Win|kel|mes|ser
wink|lig
win|ken
er wink|te,
er hat gewinkt
(*auch:* ge|wun|ken)
Win|ter, der
die Win|ter, win|ter|lich
win|zig
win|zi|ger,
am win|zigs|ten
der Winz|ling
wip|pen
sie wippt, die Wip|pe
wir
wir al|le

Wir|bel, der
die Wir|bel
die Wir|bel|säu|le
der Wir|bel|wind
wird → werden
wirft → werfen
wir|ken
es wirkt
wirk|lich
die Wirk|lich|keit
wirst → werden
wi|schen
du wischst, er wischt
wis|sen
du weißt,
sie weiß, wuss|te,
hat ge|wusst
das Wis|sen
Witz, der
die Wit|ze
wit|zig, wit|zi|ger,
am wit|zigs|ten
wo
wo|bei, wo|für, wo|her,
wo|hin, wo|mit
Wo|che, die
die Wo|chen
das Wo|chen|en|de
wö|chent|lich

wog → wiegen
wohl
woh|ler,
am wohls|ten
sich wohl|füh|len
woh|nen
sie wohnt
Woh|nung, die
die Woh|nun|gen
Wolf, der
die Wöl|fe

Wol|ke, die
die Wol|ken
be|wölkt
wol|kig

Wol|le, die
wol|lig
wol|len
ich will, du willst,
sie will, ihr wollt,
wir wol|len
World Wide Web
kurz: WWW
(Weltweites
Informationssystem
im Internet)
Wort, das
die Wör|ter
Wort hal|ten
die Wort|art
der Wort|bau|stein
die Wort|fa|mi|lie
das Wort|feld
das Wör|ter|buch
die wört|li|che Re|de
wund
wund sein
die Wun|de
Wun|der, das
die Wun|der
wun|der|bar
ich wundere mich
Wunsch, der
die Wün|sche
wün|schen,
du wünschst,
er wünscht
Wurf, der
die Wür|fe
Wür|fel, der
die Wür|fel
wür|feln, sie wür|felt

Wurm, der
die Wür|mer

Wurst, die
die Würs|te
das Würst|chen
Wür|ze, die
das Ge|würz
wür|zig
Wur|zel, die
die Wur|zeln
wusch → waschen
wuss|te → wissen
Wüs|te, die
die Wüs|ten
Wut, die
wü|tend

X/x

Xy|lo|fon, das
auch: das Xy|lo|phon
die Xy|lo|fo|ne,
die Xy|lo|pho|ne

Y/y

Yacht, die
die Yach|ten
auch: die Jacht
Yak, der
auch: der Jak
die Yaks
Yo-Yo, das
die Yo-Yos
auch: das Jo-Jo

Yp|si|lon, das
die Yp|si|lons

Z/z

Za|cke, die
auch: der Za|cken,
die Za|cken
za|ckig, ge|zackt

zäh
zä|her, am zä|hes|ten

Zahl, die
die Zah|len
zah|len, sie zahlt

zäh|len
sie zählt,
du zählst,
hast ge|zählt

zahm
zah|mer, am zahms|ten
die Zäh|mung

Zahn, der
die Zäh|ne
der Zahn|arzt,
die Zahn|ärz|tin
die Zahn|bürs|te
du musst dir die Zähne putzen
aber: beim Zähneputzen

Zan|ge, die
die Zan|gen

zan|ken
sie zankt sich (streitet) mit ihm
Zank und Streit

Zap|fen, der
die Zap|fen

zap|peln
er zap|pelt

zap|pen
sie zappt

zart
zärt|lich
die Zärt|lich|keit

Zau|ber, der
der Zau|be|rer,
die Zau|be|rin
zau|bern, zau|bert
der Zau|ber|trick

Zaum, der
das Zaum|zeug
zäu|men
ein Pferd zäumen

Zaun, der
die Zäu|ne

Ze|bra, das
die Ze|bras
der Ze|bra|strei|fen

Ze|he, die
auch: der Zeh,
die Ze|hen

zehn/Zehn →

Zei|chen, das
die Zei|chen

zeich|nen
sie zeich|net
die Zeich|nung

zei|gen
er zeigt
der Zei|ge|fin|ger
der Zei|ger

Zei|le, die
die Zei|len

Zeit, die
die Zei|ten
die Zeit|schrift
die Zei|tung

zei|tig
er muss zeitig (früh) aufstehen

Zelt, das
die Zel|te
zel|ten, er zel|tet

Zen|sur, die
die Zen|su|ren
zen|sie|ren, zen|siert

Zen|ti|me|ter, der
die Zen|ti|me|ter
(*kurz:* cm)

Zent|ner, der
die Zent|ner

→ **zehn/Zehn**

Kleinschreibung
zehn Jahre alt sein
zehn mal zwei
es ist halb zehn
zehntens

Großschreibung
die Zahl Zehn
er wurde Zehnter

Mit Zahl oder ausgeschrieben
zehnjährig – 10-jährig
zehnmal – 10-mal
am zehnten *oder* 10. Mai

Zen|trum, das
die Zen|tren
Zep|pe|lin, der
(Luftschiff)
die Zep|pe|li|ne

zer|bre|chen → brechen
zer|brech|lich
zer|fal|len
es zer|fällt, zer|fiel
zer|plat|zen
der Luftballon ist zerplatzt
zer|rei|ßen → reißen
zer|ren
er zerrt
die Zer|rung
zer|ris|sen → reißen
Zet|tel, der
die Zet|tel
Zeug, das
Zeug|nis, das
die Zeug|nis|se
Zick|zack, der
im Zickzack laufen
Zie|ge, die
die Zie|gen

Zie|gel, der
die Zie|gel
zie|hen
sie zieht, zog,
hat ge|zo|gen

Ziel, das
die Zie|le
zie|len, sie zielt
ziem|lich
das ist ziemlich (recht) weit
zier|lich
Zif|fer, die
die Zif|fern
Zim|mer, das
die Zim|mer
zim|per|lich
zim|per|li|cher,
am zim|per|lichs|ten
sei nicht so zimperlich!
Zimt, der
Zip|fel, der
die Zip|fel
die Zip|fel|müt|ze
Zir|kel, der
die Zir|kel
Zir|kus, der
die Zir|kus|se
auch: der Cir|cus

zi|schen
du zischst, es zischt
Zi|tro|ne, die
die Zi|tro|nen

zit|tern
er zit|tert, zitt|rig
zog → ziehen
Zoo, der
die Zoos
zoo|lo|gisch
Zopf, der
die Zöp|fe
Zorn, der
zor|nig
zot|te|lig
die Zot|teln
zu
zu groß
zu viele
zu|bin|den → binden
zu|cken
sie zuckt mit den Schultern
Zu|cker, der
zu|cker|süß
zu|ein|an|der
zu En|de
zu|erst
Zu|fall, der
die Zu|fäl|le
zu|fäl|lig
zu|frie|den
zu|frie|den sein
zu Fuß
zu Fuß ge|hen
Zug, der
die Zü|ge
Zü|gel, der
die Zü|gel, zü|geln
zu|gleich
zu Hau|se
auch: zu|hau|se
zu|hö|ren
sie hört zu
Zu|kunft, die
zu|künf|tig
zu|letzt
zu guter Letzt
zu|lie|be
mir zu|lie|be
zum
sie geht zum (zu dem) Sportfest
zu|meist (meis|tens)
zu|mu|te
zu|nächst

A B C D E F G H I J K L M N O P Qu R S T U V W X Y Z

Zu|na|me, der
die Zu|na|men
(Familiennamen)

Zun|ge, die
die Zun|gen

zu|pa|cken

zur
er geht zur (zu der) Party

zu|recht
zu|recht|kom|men
zu|recht|le|gen
zu|recht|ma|chen

zu|rück

zu|rückblei|ben
→ bleiben

zu|rück|ge|ben → geben

zu|rück|ge|hen → gehen

zu|sam|men

Zu|sam|men|arbeit, die

zu|sam|men|hal|ten
wir müssen zusammen-halten

zu|sam|men sein

zu|sam|men|sto|ßen
→ stoßen

zu|sätz|lich

Zu|tat, die
die Zu|ta|ten

zu viel

zu we|nig

Zwang, der
die Zwän|ge

zwan|zig/Zwanzig
zwan|zig Kin|der
die Zahl Zwan|zig

zwar

Zweck, der
die Zwe|cke, zweck|los

zwei/Zwei →
zwei|hun|dert,
zwei|tau|send

Zwei|fel, der
die Zwei|fel
zwei|feln, er zwei|felt

Zweig, der
die Zwei|ge
ver|zweigt

Zwerg, der
die Zwer|ge

Zwerg|ka|nin|chen, das
die Zwerg|ka|nin|chen

zwi|cken
es zwickt

Zwie|back, der
die Zwie|ba|cke

Zwie|bel, die
die Zwie|beln

Zwil|ling, der
die Zwil|lin|ge

zwin|gen
sie zwingt, zwang,
sie hat mich dazu gezwungen

zwin|kern
er zwinkert ihr mit den Augen zu

zwi|schen
zwi|schen|durch

zwit|schern
er zwit|schert

zwölf/Zwölf →

Zy|lin|der, der
die Zy|lin|der

→ **zwei/Zwei**

Kleinschreibung
zwei Jahre alt sein
zwei mal zwei
es ist halb zwei
zweitens

Großschreibung
die Zahl Zwei
eine Zwei schreiben
eine Zwei im Zeugnis
er wurde Zweiter

Mit Zahl oder ausgeschrieben
zweijährig – 2-jährig
zweimal – 2-mal
am zweiten *oder* 2. Mai

→ **zwölf/Zwölf**

Kleinschreibung
zwölf Jahre alt sein
zwölf mal zwei
es ist halb zwölf
zwölftens

Großschreibung
die Zahl Zwölf
er wurde Zwölfter

Mit Zahl oder ausgeschrieben
zwölfjährig – 12-jährig
zwölfmal – 12-mal
am zwölften *oder* 12. Mai

Sprache

Die Wortarten

Nomen/Namenwörter/Substantive

Nomen sind Wörter für Menschen, Tiere, Pflanzen, Dinge, Gefühle, Gedanken:
Kind, Katze, Blume, Haus, Freude, Traum, ...
Nomen werden großgeschrieben.
Sie stehen fast immer mit einem Begleiter.

Begleiter können Artikel sein:
der, die, das, des, dem, den, ein, eine, eines, einer, ...
der Sturm, die Sonne, das Gewitter.
Begleiter können aber auch andere Wörter sein:
kein, manche, diese, ...
keine Angst, dieses Glück, manches Schöne, ...

Die meisten **Nomen** können in **Singular (Einzahl)** und **Plural (Mehrzahl)** stehen:
der Freund, ein Freund – die Freunde, viele Freunde
*die Freundin, eine Freundin – die Freundin**nen**,*
Die **Pluralform** kann ganz unterschiedlich aussehen:
Rind – Rinder, Zebra – Zebras, Ratte – Ratten
Fisch – Fische, Leopard – Leoparden, Kuh – Kühe.

Nomen kann man **zusammensetzen**.
Mit zusammengesetzten **Nomen** kann man etwas genauer bezeichnen:
der Hund – die Hütte – die Hundehütte
Der erste Teil heißt **Bestimmungswort**: Hundehütte,
der zweite Teil heißt **Grundwort**: Hundehütte.
Der Artikel richtet sich immer nach dem Grundwort:
der Hund – die Hütte → die Hundehütte.

Nomen haben vier Fälle

Nominativ (Werfall)	Der Esel ist sehr alt.	Wer oder was?
Akkusativ (Wenfall)	Das Kind streichelt den Esel.	Wen oder was?
Dativ (Wemfall)	Der Bauer gibt dem Esel Futter.	Wem?
Genitiv (Wesfall)	Der Stall des Esels ist warm.	Wessen?

Artikel (Begleiter)

Artikel begleiten oftmals die **Nomen**.
Deshalb nennt man sie Begleiter.
Es gibt **bestimmte** Artikel: *der, die, das, des, dem, den*
und **unbestimmte:** *ein, eine, eines, einer, einem, einen.*

Der Artikel sagt, ob ein Nomen
männlich, weiblich oder **sächlich** ist:

männlich:	*der Mann,*	*der Löffel*
weiblich:	*die Frau,*	*die Gabel*
sächlich:	*das Kind,*	*das Messer*

Den **bestimmten Artikel** gebraucht man meistens,
wenn etwas, von dem man redet, schon bekannt ist.

Den **unbestimmten Artikel** gebraucht man meistens,
wenn in einem Text etwas zum ersten Mal vorkommt
und noch unbestimmt ist.
Den bestimmte Artikel verwendet man,
wenn es zum zweiten Mal vorkommt und
schon bekannt ist:

Auf <u>einem</u> Baum saß <u>ein</u> Rabe.
<u>Der</u> Rabe auf <u>dem</u> Baum krächzte.

Pronomen (Fürwörter)

Pronomen sind kleine Wörter, die man für Nomen einsetzen kann.
So müssen die Nomen nicht ständig wiederholt werden.
Für Julia kann ***sie*** stehen,
für Julias Freund – ***ihr*** Freund.

Die Pronomen sind
ich, du, er, sie, es, wir, ihr, sie.

Dazu gehören die besitzanzeigenden Pronomen:
mein, dein, sein, ihr, sein, unser, euer, ihr.

Das sind die **Pronomen** im 1., 3. und 4. Fall:

Nominativ		**Dativ**		**Akkusativ**			
ich	helfe	mir /	meinem Kater	ich	rette	mich /	meinen Kater
du	hilfst	dir /	deinem Kater	du	rettest	dich /	deinen Kater
er	hilft	ihm /	seinem Kater	er	rettet	ihn /	seinen Kater
sie	hilft	ihr /	ihrem Kater	sie	rettet	sie /	ihren Kater
es	hilft	ihm /	seinem Kater	es	rettet	es /	seinen Kater
wir	helfen	uns /	unserem Kater	wir	retten	uns /	unseren Kater
ihr	helft	euch /	eurem Kater	ihr	rettet	euch /	euren Kater
sie	helfen	ihnen /	ihrem Kater	sie	retten	sie /	ihren Kater

Verben (Tunwörter/Tätigkeitswörter)

Verben sind Wörter, die sagen, was jemand tut oder was passiert:

Das Kind <u>springt</u>.

Die Blume <u>blüht</u>.

Im Wörterbuch stehen Verben im **Infinitiv** (Grundform):
springen, blühen
Nach dem Infinitiv steht die **Personalform**
(Er-, Sie-, Es-Form):
lesen
er liest, las, hat gelesen

Zeitformen der Verben

Mit Verben kann man auch etwas über die Zeit sagen, in der etwas passiert.
Verben haben eine **Gegenwartsform** und zwei **Vergangenheitsformen**:

- **Präsens** (Gegenwartsform):
  Lisa <u>spielt</u>. Felix <u>geht</u>.

Das Präsens gebrauchen wir meistens, wenn wir über etwas sprechen oder schreiben, was gerade passiert.

- **Präteritum** (einfache Vergangenheitsform):
  Lisa <u>spielte</u>. Felix <u>ging</u>.

Das Präteritum verwenden wir, wenn wir über etwas schreiben, was früher geschah.

- **Perfekt** (zusammengesetzte Vergangenheitsform):
  Lisa hat gespielt. Felix ist gegangen.

Das Perfekt verwenden wir meistens, wenn wir mündlich über etwas Vergangenes erzählen.

- **Futur** (Zukunftsform):

Das Futur wählen wir manchmal, wenn wir etwas über die Zukunft aussagen:
  Wir werden noch öfter zusammen spielen.

Adjektive (Wiewörter)

Adjektive sind Wörter, die sagen, wie Menschen, Tiere, Pflanzen und Dinge sein können:
eine graue Maus, ein kleiner Hund, …

Alle Wörter, die zwischen Artikel und Nomen stehen können, sind Adjektive.

ein	*grüner*	*Pulli*
Artikel	Adjektiv	Nomen

Die meisten Adjektive lassen sich **steigern**:

Grundstufe	**Vergleichsstufe/ Mehrstufe**	**Höchststufe/ Meiststufe**
groß	*größer*	*am größten*

Mit Adjektiven kann man Dinge **vergleichen.**
Wenn man mit Adjektiven vergleicht,
dann verwendet man die Vergleichswörter ***wie*** oder ***als*.**

Wenn Adjektive **gesteigert** werden, heißt es **als:**
größer als   *kleiner als*

Wenn sie **nicht gesteigert** werden, heißt es **wie:**
so klein wie, so groß wie, genauso groß wie

Von vielen Adjektiven lässt ich das **Gegenteil** bilden:
groß – klein, dick – dünn, hell – dunkel, …

Viele Adjektive sind von Nomen hergeleitet.
Sie haben dann oft die Wortbausteine
-lich oder **-ig** als Endung.
Glück – glücklich, Ruhe – ruhig

Konjunktionen (Bindewörter)

Konjunktionen (Bindewörter) können Wörter,
Satzteile und Sätze miteinander verbinden:
als, dass, denn, und, weil

spielen und lernen
den Hund ausführen oder die Katze füttern
Ich konnte nicht kommen, weil ich verreist war.

Satzarten

- **Aussagesätze:**

Wenn man in einem Satz etwas aussagen will, beendet man ihn mit einem Punkt:
Ich kaufe mir einen Radiergummi.

- **Fragesätze:**

Wenn man in einem Satz eine Frage stellen will, beendet man ihn mit einem Fragezeichen.
Warum kommst du erst jetzt?
In Fragesätzen ohne Fragewort (*wer, wo, wann, ...*) steht das Verb am Satzanfang:
Kaufst du dir einen Radiergummi?

- **Aufforderungssätze:**

Wenn man einer Aufforderung besonderen Nachdruck verleihen will, setzt man ein Ausrufezeichen:
Schließe sofort das Fenster! Komm schnell nach Hause!

- **Ausrufesätze:**

Nach Ausrufesätzen setzt man ein Ausrufezeichen:
Oh, wie schön! Das ist ja furchtbar!

Satzglieder

Teile des Satzes, die man gemeinsam umstellen kann, heißen **Satzglieder.**
Satzglieder können aus einem Wort oder aus mehreren Wörtern bestehen.

- **Subjekt (Satzgegenstand):**

Das **Subjekt** sagt aus, **wer** etwas tut oder macht oder **wer** es ist, dem etwas geschieht:
Das Kind lacht.
Die Blume blüht.

Das Subjekt steht im Satz meistens am Satzanfang.
Man kann es mit der Frage **Wer?** oder mit der Frage **Was?** ermitteln.
Die Biene summt. – Wer summt? – Die Biene.
Das Auto fährt. – Was fährt? – Das Auto.

Häufig besteht das Subjekt nur aus einem Pronomen:
er, sie, es, ...

- **Prädikat (Satzaussage)**

Das Prädikat sagt aus, was das Subjekt tut:
Das Kind spielt.
oder was mit dem Subjekt geschieht:
Das Kind fällt hin.

Das Prädikat wird mit der Frage **Was tut jemand?** ermittelt.
Die Köchin kocht. – Was tut die Köchin? – Sie kocht.

Das Prädikat besteht immer aus einem Verb.
Manchmal ist das Verb zweiteilig:
Das Kind freut sich.
Das Kind hat seine Brille vergessen.

- **Objekt (Ergänzung):**

Außer dem Subjekt und dem Prädikat gibt es in den meisten Sätzen noch weitere Satzglieder, zum Beispiel die **Objekte.** Sie werden mit den Fragen **Wem?** oder **Wen oder was?** ermittelt.

Ein Großer lauert einem Kleinen auf.
Wem lauert er auf? – Einem Kleinen.
Der Kleine holt sich sein Fahrrad.
Wen oder was holt er sich? – Sein Fahrrad.

Die meisten Objekte enthalten ein Nomen:
einem Kleinen, sein Fahrrad.
Manche bestehen nur aus einem Pronomen (Fürwort):
ihm, ihr, sie, ...

Zeichensetzung

Damit man Texte besser verstehen kann,
setzt man Satzzeichen.

- **Punkt:**

Nach einem einfachen Aussagesatz setzt man einen Punkt:
Ich gehe zur Schule.
Nach Überschriften, Anschriften und am Ende eines Briefes wird kein Punkt gesetzt.

- **Fragezeichen:**

Wenn man in einem Satz eine Frage stellen will, setzt man ein Fragezeichen:
Kommst du heute Nachmittag zu mir?

- **Ausrufezeichen:**

Hinter eine nachdrückliche Aufforderung oder einen Ausruf setzt man ein Ausrufezeichen:
Jetzt ist aber Schluss! Geh weg!

- **Komma:**
Hinter Aufzählungen von Wörtern und Wortgruppen setzt man ein Komma. Vor ***und*** steht jedoch kein Komma.
Äpfel, Birnen, Kirschen ***und*** *Pflaumen wachsen in unserem Garten.*
Nach der Anrede in Briefen steht ebenfalls ein Komma:
Liebe Silke, *wie geht es dir?*
Nach Verben wie *finden, mögen, sich freuen, gefallen* steht oft die Konjunktion (Bindewort) ***dass.***
Vor dem Wörtchen *dass* steht immer ein Komma:
Ich freue mich, ***dass*** *…*

- **Bindestrich:**
Mit Bindestrichen können wir Wörter miteinander verbinden, z. B. bei Straßen- und Gebäudenamen:
Albert-Schweitzer-Straße, Astrid-Lindgren-Schule

- **Trennungsstrich:**
Nach einer Silbe können Wörter am Zeilenende getrennt werden: *Straßen-bahn*

Satzzeichen bei wörtlicher Rede

Bei der wörtlichen Rede gibt es eine Person, die etwas sagt, und etwas, was sie sagt.
Wer etwas sagt, steht im **Begleitsatz.**
Was die Person sagt, steht in der **wörtlichen Rede.**
Die wörtliche Rede setzt man in Anführungszeichen.

Zwischen Begleitsatz und wörtlicher Rede steht ein **Doppelpunkt.**
Sören sagte: „Du hast mein T-Shirt kaputt gemacht."

Der Begleitsatz kann **vor** der wörtlichen Rede stehen:
Sören sagte: *„Du hast mein T-Shirt kaputt gemacht."*

Der Begleitsatz kann **nach** der wörtlichen Rede stehen:
„Du hast mein T-Shirt kaputt gemacht", ***sagte Sören.***
Zwischen dem Redesatz und dem Begleitsatz steht dann ein **Komma.**

Der Begleitsatz kann auch in die wörtliche Rede **eingeschoben** werden:
„Du hast", ***sagte Sören,*** *„mein T-Shirt kaputt gemacht."*
Der Begleitsatz steht dann **zwischen zwei Kommas.**

Wortfamilien

Die Wörter einer Sprache können
miteinander verwandt sein.
Zu **Wortfamilien** gehören Wörter,
die miteinander verwandt sind.

fahren, Fahrt, fuhr, gefahren,
Fahrer, Klassenfahrt, erfahren, Fahrzeug, …
haben den gemeinsamen Stamm **fahr.**

essen, isst, gegessen, essbar, Mittagessen, Esstisch, …
aber: aß, aßen, …

schließen, schließt, schließlich, zuschließen,
verschließen, …
aber: sie schloss, das Schloss, geschlossen, …

Wortfelder

Wörter, die etwas Ähnliches bedeuten, gehören zu einem **Wortfeld.**

Zu den Wortfeldern ***sprechen*** oder ***gehen*** gehören z. B. folgende Wörter:

gehen
laufen, rennen, sausen, hüpfen, springen, spazieren, …

sprechen
sagen, reden, erzählen, rufen, schreien, quasseln, flüstern, brüllen, ...

Rechtschreiben

Vokale und Konsonanten

In unserer Sprache gibt es **Vokale** (Selbstlaute) und **Konsonanten** (Mitlaute).

Vokale sind

- einfache Vokale:
  a, e, i, o, u,
- Umlaute: ä, ö, ü,
- Doppellaute: au, äu, eu, ei, ai.

Konsonanten sind
b, c, d, f, g, h, j, k, l, m, n, p, qu, r, s, (ß), t, v, w, x, z.

Silben

Es gibt Wörter mit einer Silbe (*März*),
mit zwei Silben (*Ju-ni*), mit drei Silben (*Sep-tem-ber*)
und mit mehr Silben (*Di-no-sau-ri-er*).

Die meisten Wörter unserer Sprache sind einsilbig
wie *Maus* oder zweisilbig wie *Kat-ze.*
Jede Silbe enthält einen **Vokal**.
Dazu können ein oder mehrere **Konsonanten** kommen.
Nach einer Silbe kann man Wörter am Zeilenende
trennen.

Wörter mit **ck** werden genauso getrennt wie Wörter mit **ch** und **sch**. Dabei wird die Buchstabenverbindung selbst nicht getrennt.
Einfache Wörter:
ba-cken, la-chen, na-schen
Bei zusammengesetzten Wörtern gilt diese Regel nicht:
Back-obst, lach-haft, Nasch-katze

Die Buchstabenverbindungen **sp**, **st** im Wortinneren werden getrennt.
Wörter mit **sp** werden zwischen **s** und **p** getrennt:
Wes-pe, Knos-pe

Wörter mit **st** werden zwischen **s** und **t** getrennt:
Nes-ter, Fes-te

Wörter mit **tz** werden zwischen **t** und **z** getrennt:
Kat-ze, flit-zen

Diese Regeln gelten nicht für zusammengesetzte Wörter:
Las-ten, aber: *Last-auto*
wet-zen, aber: *Wetz-stein*

Offene Silben – lange Vokale
Geschlossene Silben – kurze Vokale

Wenn man Wörter wie *schlafen* und *schaffen* deutlich ausspricht, kann man merken:

- Bei *schla-fen* bleibt der Mund nach der ersten Silbe **offen. Offene** Silben haben einen **langen** Vokal.
  Die **erste** Silbe endet mit **a,**
  die **zweite** beginnt mit dem **f.**
- Bei *schaf-fen* geht der Mund nach der ersten Silbe **zu.**
  Geschlossene Silben haben einen **kurzen** Vokal.

Wörter mit kurzem Vokal

Bei *schaffen* endet die **erste** Silbe mit **f,**
die **zweite** beginnt mit **f.**
Dieses **f** spricht man zwar nicht zweimal,
aber beim Schreiben muss man es **verdoppeln:**
schaffen, gaffen, ...

Beim Schreiben können die meisten Konsonanten in Wörtern mit kurzem Vokal verdoppelt werden – vorausgesetzt, das Wort ist zweisilbig.
Eine solche Verdopplung kommt vor allem bei den Buchstaben **ff, ll, mm, nn, pp, rr, ss, tt** vor:
Affe, Wolle, summen, kennen, Puppe, starren, küssen, Watte

Wörter mit langem Vokal

- Wenn in einem Wort nach dem Vokal nur ein einziger Konsonant steht, dann wird der Vokal meistens lang gesprochen: *Wal, Tal*

- In manchen Wörtern mit einem langen Vokal steht ein **Dehnungs-h**. Dieses **h** steht aber nur vor den Buchstaben **l, m, n** und **r**:
  Zahl, zahm, Zahn, wahr

- Beginnt ein Wort mit **sch** oder **t**, steht jedoch kein Dehungs-**h**:
  schon, Schule, Schwan, Tal, Ton, Träne
  Auch bei Wörtern, die mit **sp**, **kr**, **qu** beginnen, steht **kein** Dehnungs-**h**:
  spülen, Kran, Qual

- Das lange **i** wird meistens als **ie** geschrieben:
  Tier, Stier, ...

Wörter mit Doppelvokalen

In einigen wenigen Wörtern wird der Vokal verdoppelt:
Haar, Saal, Saat, Moor, Moos, Meer

Wörter mit Umlauten

Die meisten Wörter, die mit **ä** oder **äu,** mit **ö** oder **ü** geschrieben werden, stammen von Wörtern mit **a, au, o** oder **u.**
Man muss also eine Kurzform des Wortes bilden.
Kommt darin ein **a** oder **au** vor,
so wird das Wort mit **ä** oder **äu** geschrieben.
Kälte – kalt, *Bäume – Baum,*
Öfen – Ofen, *Krüge – Krug*

Wörter mit b, d, g im Auslaut

Am Ende eines Wortes hören sich **b, d, g** wie **p, t, k** an:
das Lob, das Rad, der Zwerg

Wenn man die Wörter verlängert, kann man **b, d, g** deutlich hören:
Lob - loben, Rad - Räder, Zwerg - Zwerge

Kleine Wörter, die man nicht verlängern kann, muss man sich gut einprägen:
ab, ob, sind, genug

Wörter mit h zwischen den Silben

Wenn in einem Wort die 1. Silbe mit einem Vokal aufhört und die 2. Silbe mit einem Vokal anfängt, setzt man oft ein **h** dazwischen:
ste-hen, Schu-he, ...
Dieses **h** bleibt in anderen Formen der Wörter erhalten:
steht, Schuh, ...

Wörter mit k oder ck

Steht vor dem **k**-Laut ein **Konsonant,** wird das Wort nur mit **k** geschrieben:
Wolke, Funke, Gurke

Steht vor dem **k**-Laut ein **Kurzvokal,** folgt ein **ck:**
packen, lecken, zwicken, locken, gucken

Steht vor dem **k**-Laut ein **langer Vokal,** wird das Wort mit **k** geschrieben:
Ekel, Laken, blöken, ...

Wörter mit z oder tz

Steht vor dem **z**-Laut ein **Konsonant,**
wird das Wort mit **z** geschrieben:
Salz, Schmalz, Kranz, Wurzel
Nach **au, ei, äu, eu** schreibt man ebenfalls nur ein **z:**
Kauz, geizig, Heizung, Kreuz

Steht vor dem **z**-Laut ein **Kurzvokal,** folgt ein **tz:**
flitzen, petzen, putzen, schmatzen

Wörter mit s-Lauten

- Der **stimmhafte s-Laut** zwischen zwei Vokalen wird immer **s** geschrieben: *rasen, lesen*
  reisen (von: Reise)
- Der **stimmlose s-Laut** zwischen langem Vokal und kurzem Vokal wird immer **ß** geschrieben:
  fließen, grüßen *fließt, grüßt*
- Der **stimmlose s-Laut** zwischen zwei kurzen Vokalen wird immer **ss** geschrieben:
  müssen, lassen *müsst, lässt*
- In einer **Wortfamilie** können manchmal Wörter mit kurzem oder langem Vokal vorkommen:
  essen, isst, gegessen – aber ***aß***,
  Bissen – aber ***beißen***
  Fluss – aber ***fließen***
  Schuss – aber ***schießen***
  Riss – aber ***reißen***

Groß- und Kleinschreibung

- Damit man Texte besser lesen kann, wird das erste Wort eines Satzes großgeschrieben:
  Heute ist Montag.

- Damit man die wichtigsten Wörter in einem Satz erkennen kann, werden sie großgeschrieben.
  Die wichtigsten Wörter sind **Nomen.**
  Nomen sind Wörter für Menschen,
  Tiere, Pflanzen, Dinge, Gefühle, Gedanken:
  *das **Kind,** das **Pferd,** die **Tulpe,** der **Turm,** die **Liebe.***

- Wichtige Wörter sind **Namen** für bestimmte Menschen und Tiere.
  *Meine beste Freundin ist **Miriam.***
  *Unser Hund heißt **Purzel.***
  Sie werden großgeschrieben.

- Alle anderen Wörter werden kleingeschrieben.

- Aber fast alle Wörter können zu Nomen werden.
  Dann kann man sie mit einem Artikel versehen und schreibt sie groß:
  *das **Blau** des Himmels, das **Schreiben** eines Textes*

Menschen

Kind child

ich	I
du	you
er	he
sie (Einzahl)	she
es	it
wir	we
ihr	you
sie (Mehrzahl)	they
Mann, Männer	man, men
Frau, Frauen	woman, women
Junge	boy
Mädchen	girl
Vater	father
Vati, Papa	dad
Mutter	mother
Mutti, Mama	mum
Eltern	parents
Schwester	sister
Bruder	brother
Opa	grandfather, granddad
Oma	grandmother, grandma
Großeltern	grandparents
Familie	family
jung	young
alt	old
Name	name
Freund, Freundin	friend

Kinder children

Körperteile

Körper body
Körperteil body part

Gesicht
face

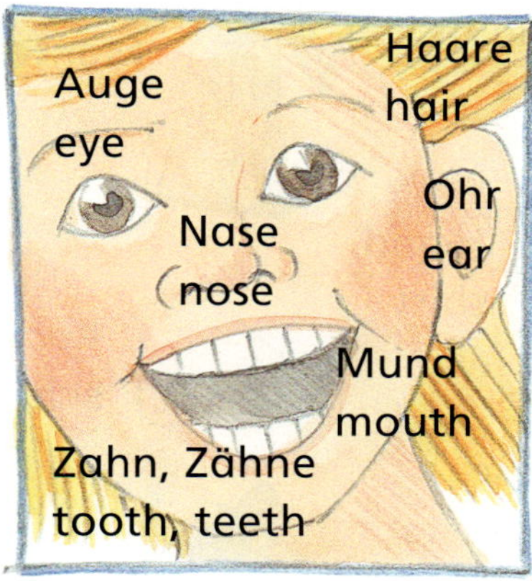

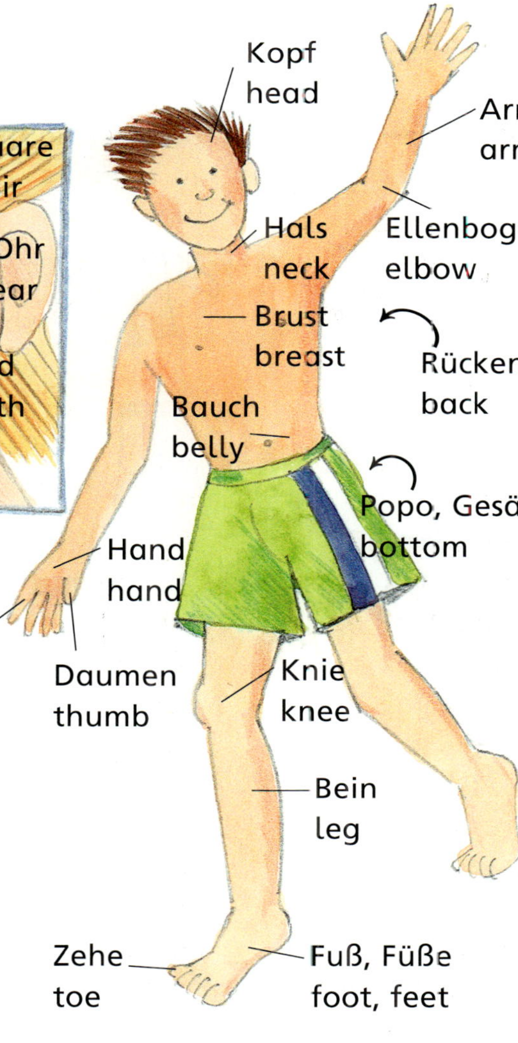

Kleidung

anziehen	put on
ausziehen	take off
(Hosen-)Tasche	pocket
(Trage-)Tasche	bag
tragen	wear
verkleiden	dress up as
Kostüm/Verkleidung	costume

Kleid
dress

Mantel
coat

Bluse
blouse

Hemd
shirt

Rock
skirt

Hut
hat

Hose
trousers

Schuhe
shoes

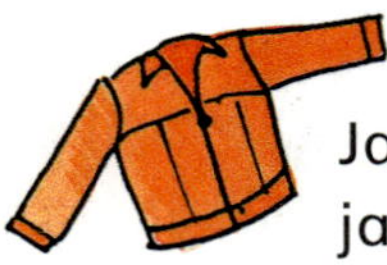

Jacke
jacket

Pullover
pullover, sweater, jumper

Einkaufen

Mütze
cap

bezahlen	pay
einkaufen gehen	go shopping
Geld	money
kaufen	buy
Laden	shop
zählen	count

Leben und Wohnen

arbeiten	work
Fenster	window
Garten	garden
gehen	walk
Haus	house
Hobby	hobby
laufen	run
müde	tired
schlafen	sleep
sehen	see
sitzen	sit
waschen	wash
wohnen	live
Zimmer	room

Spielen

fangen	catch
finden	find
Fußball spielen	play football
Inliner	Inliners
lustig	funny
Puppe	doll
Spaß	fun
spielen	play
Spielzeug	toy(s)
suchen nach	look for

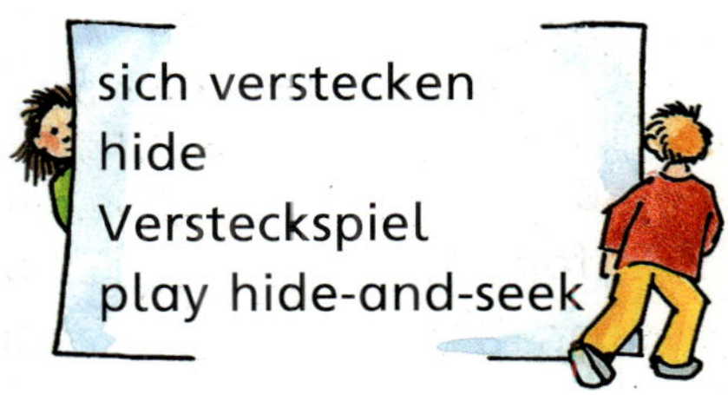

Schule

Lehrer/Lehrerin	teacher
Schüler/Schülerin	pupil
Kind	child
Klassenraum	classroom
Schule	school

anschauen	look at
Bleistift	pencil
Buch	book
Heft	exercise book
denken	think
fragen	ask
lesen	read
lernen	learn
malen, zeichnen	draw
schreiben	write
Kreide	chalk
Papier	paper
Radiergummi	eraser, rubber
Schere	a pair of scissors
Tafel	blackboard
zuhören	listen (to)

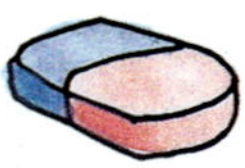

Essen und Trinken

backen	bake
essen	eat
Frühstück	breakfast
Mittagessen	lunch
Abendessen	supper, dinner
heiß	hot
kochen	cook
scharf	hot
süß	sweet
Süßigkeiten	sweets
trinken	drink

Obst und Gemüse

Obst
fruit

Gemüse
vegetables

Kartoffel(n)
potato(es)

Apfel
apple

Karotte, Möhre
carot

Ananas
pineapple

Kirsche(n)
cherry,
cherries

Banane
banana

Orange
orange

Birne
pear

Salat
lettuce

Erbse
pea

Tomate(n)
tomato(es)

Erdbeere
strawberry

Zitrone
lemon

Die Jahreszeiten

Jahr	year
Jahreszeit	season

Feiern

einladen	invite
Feier	party
feiern	have a party
Geschenk	present
Geburtstag	birthday
Alles Gute zum Geburtstag!	Happy Birthday!
glücklich	happy
lachen	laugh
neues Jahr	new year
Frohes neues Jahr!	Happy New Year!
schenken	give
singen	sing
tanzen	dance
Weihnachten	Christmas
Frohe Weihnachten!	Merry Christmas!
wünschen	wish

Die Monate

Monat	month
Januar	January
Februar	February
März	March
April	April
Mai	May
Juni	June
Juli	July
August	August
September	September
Oktober	October
November	November
Dezember	December

Die Wochentage

Woche	week
Tag	day
Montag	Monday
Dienstag	Tuesday
Mittwoch	Wednesday
Donnerstag	Thursday
Freitag	Friday
Samstag/ Sonnabend	Saturday
Sonntag	Sunday

Wetter

Donner	thunder
Gewitter	thunderstorm
heiß	hot
kalt	cold
nass	wet
regnen	rain
Schneeball	snow ball
schneien	snow
Sonnenschein	sunshine
Thermometer	thermometer
warm	warm
Wetter	weather
Wind	wind

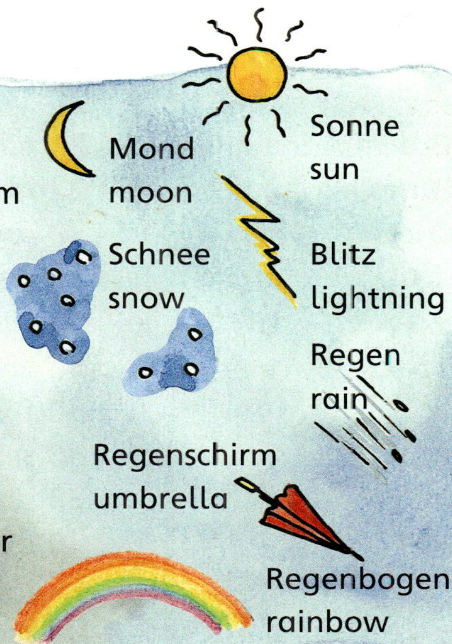

Farben

Farbe colour

gelb yellow
rosa pink
violett, lila purple
blau blue
grün green
rot red
braun brown
orange orange
schwarz black
weiß white
grau grey

Zahlen

0	null	zero
1	eins	one
2	zwei	two
3	drei	three
4	vier	four
5	fünf	five
6	sechs	six
7	sieben	seven
8	acht	eight
9	neun	nine
10	zehn	ten
11	elf	eleven
12	zwölf	twelve
13	dreizehn	thirteen
14	vierzehn	fourteen
15	fünfzehn	fifteen
16	sechzehn	sixteen
17	siebzehn	seventeen
18	achtzehn	eighteen
19	neunzehn	nineteen
20	zwanzig	twenty
21	einundzwanzig	twenty-one
22	zweiundzwanzig	twenty-two
30	dreißig	thirty
33	dreiunddreißig	thirty-three
40	vierzig	forty
44	vierundvierzig	forty-four
50	fünfzig	fifty
60	sechzig	sixty
70	siebzig	seventy
80	achtzig	eighty
90	neunzig	ninety
100	einhundert	one hundred

Tiere

- Tier – animal
- Vogel – bird
- Haustier – pet
- Zoo – zoo
- Bauernhof – farm
- füttern – feed
- Kaninchen – rabbit
- Pferd – horse
- Fisch – fish
- Hamster – hamster
- Katze – cat
- Schwein – pig
- Huhn – chicken
- Hahn – cock
- Kuh – cow
- Wellensittich – budgie
- Hund – dog
- Ente – duck
- Frosch – frog
- Maus – mouse
- Elefant – elephant
- Löwe – lion
- Mäuse – mice

Sätze und Redewendungen

Sich begrüßen und vorstellen

Guten Morgen!	Good morning.
Guten Tag! Hallo!	Hello. Hi.
Wie heißt du?	What's your name?
Ich heiße Tina.	My name is Tina. *oder:* I'm Tina.
Ich bin Herr Parker.	My name is Mr Parker.
Ich bin Frau Parker.	My name is Mrs Parker.
Wie alt bist du?	How old are you?
Ich bin neun Jahre alt.	I'm nine years old.

Sich verabschieden

Auf Wiedersehen!	Goodbye.
Tschüs!	Bye.
Bis bald!	See you soon.

Höflich um etwas bitten

bitte	please
Kann ich bitte dein Buch haben?	Can I have your book, please?
Bitte (sehr).	Here you are.
Haben Sie süße Muffins?	Have you got sweet muffins?
Ich möchte gern vier Muffins.	I would like four muffins. *oder:* I'd like four muffins.
Entschuldigen Sie bitte, wo ist Piccadilly Circus?	Excuse me, please, where is Piccadilly Circus?

Sich bedanken

Vielen Dank.	Thank you very much.
Danke.	Thank you.
	oder: Thanks.

Sich entschuldigen

Das tut mir leid.	
Entschuldigung.	I'm sorry. *oder:* sorry.
Tom, du musst dich bei Tina entschuldigen.	Tom, you must apologize to Tina.
Hast du eine Entschuldigung?	Have you got an excuse?

Vorlieben und Abneigungen

Ich mag Tennis.	I like tennis.
Tischtennis mag ich nicht.	I don't like table tennis.
Tom liebt seine Katze.	Tom loves his cat.
Mary liebt ihre Katze.	Mary loves her cat.
Ich mag Süßigkeiten.	I like sweets.
Ich kann grüne Röcke nicht leiden.	I hate green skirts.

Aufforderungen

Lass uns Fußball spielen!	Let's play football.
Komm/kommt hierher!	Come here.
Schau/schaut das Bild an!	Look at the picture.

Fragen, Fragen, Fragen

Wo ist dein Englischbuch?	Where is your English book?
Wer ist das?	Who is that?
Was ist in der Tasche?	What's in the bag?
Wann ist deine Geburtstagsfeier?	When is your birthday party?
Wie geht es dir?	How are you?
Wie heißt das auf Englisch?	What's that in English?
Welche Farbe hat dein neues T-Shirt?	What colour is your new T-shirt?

Briefe schreiben

Schreibe/schreibt einen Brief an einen Freund/ eine Freundin.	Write a letter to a friend.
Lieber Tom, ...	Dear Tom, ...
Sehr geehrter Herr Parker, ...	Dear Mr Parker, ...
Wie geht es Dir? Wie geht es Ihnen?	How are you?
Mir geht es gut.	I'm fine.
Schreib bald!	Write back soon.
Mach's gut!	Take care.
Deine Lisa	Love, Lisa